AF557449

Giorgio Vasari

Das Leben des Tizian

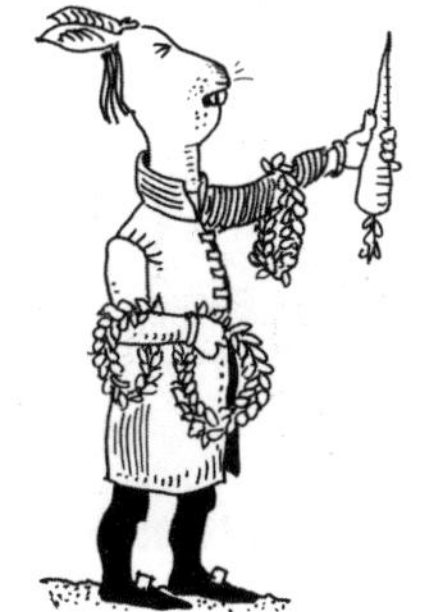

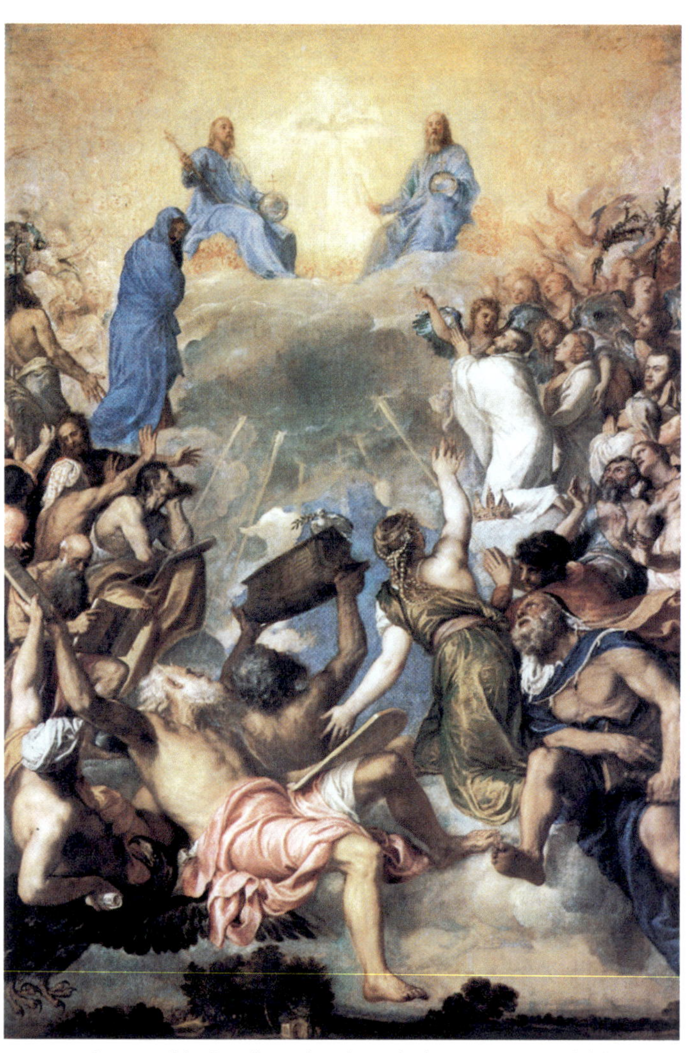

Die Heilige Dreifaltigkeit (La Gloria). Madrid, Museo Nacional del Prado

GIORGIO VASARI

DAS LEBEN DES TIZIAN

Neu übersetzt von Victoria Lorini
Kommentiert und herausgegeben
von Christina Irlenbusch

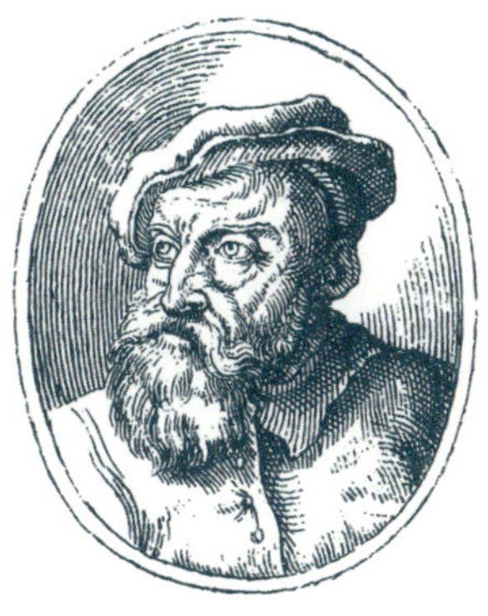

Verlag Klaus Wagenbach Berlin

Zu dieser Neuausgabe

Kaum ein anderes literarisches Werk hat auf die Kunstgeschichtsschreibung folgender Generationen einen so nachhaltigen Einfluß ausgeübt wie die von Giorgio Vasari (1511–1574) verfaßten und erstmals 1550 im Druck erschienenen *Lebensbeschreibungen der berühmtesten Maler, Bildhauer und Architekten,* die achtzehn Jahre später in einer revidierten und erweiterten Fassung noch einmal herausgegeben wurden. Heute ist das Hauptwerk Vasaris vor allem unter dem Titel *Le vite* bekannt.

Vasaris Text wurde in der Fassung von 1568 (nach der kritischen Ausgabe von Rosanna Bettarini und Paola Barocchi) neu übersetzt – textgetreu, ungekürzt und vollständig auch da, wo Vasari sich zu wiederholen scheint.

Eine Einführung stellt die jeweilige Künstlervita vor. Der Anmerkungsapparat behandelt nicht nur die jeweiligen kunsthistorischen, literarischen und zeitgeschichtlichen Aspekte auf neuestem wissenschaftlichem Stand, sondern benennt auch die heutigen Standorte (und Zustände) der Kunstwerke, die wichtigsten Abweichungen gegenüber der ersten Ausgabe der *Vite* sowie die uns heute bekannten Lebensdaten des Künstlers. Jeder Band enthält außerdem Abbildungen der wichtigsten Kunstwerke, die von Vasari erwähnt wurden.

Herausgegeben von Alessandro Nova

Sehr herzlich möchten wir uns bei Daniela Bohde dafür bedanken, daß sie die Übersetzung sowie die Einleitung und die Anmerkungen kritisch durchgesehen und uns mit wertvollen Vorschlägen unterstützt hat. Herzlichen Dank auch an Charles Hope für das Manuskript des Vortrages *When was Giorgione born?* (Giorgione Colloquium, Kunsthistorisches Museum, Wien, 11. Juli 2004). *CI VL*

Inhalt

Einleitung
7

Giorgio Vasari
Beschreibung der Werke des Malers
Tizian aus Cadore
15

Anmerkungen
59

Bibliographie
123

Daten zu Leben und Werk
140

Bedeutende Werke Tizians in Venedig
143

Bedeutende Werke Tizians
in europäischen Sammlungen
144

Bedeutende Werke Tizians
in außereuropäischen Sammlungen
147

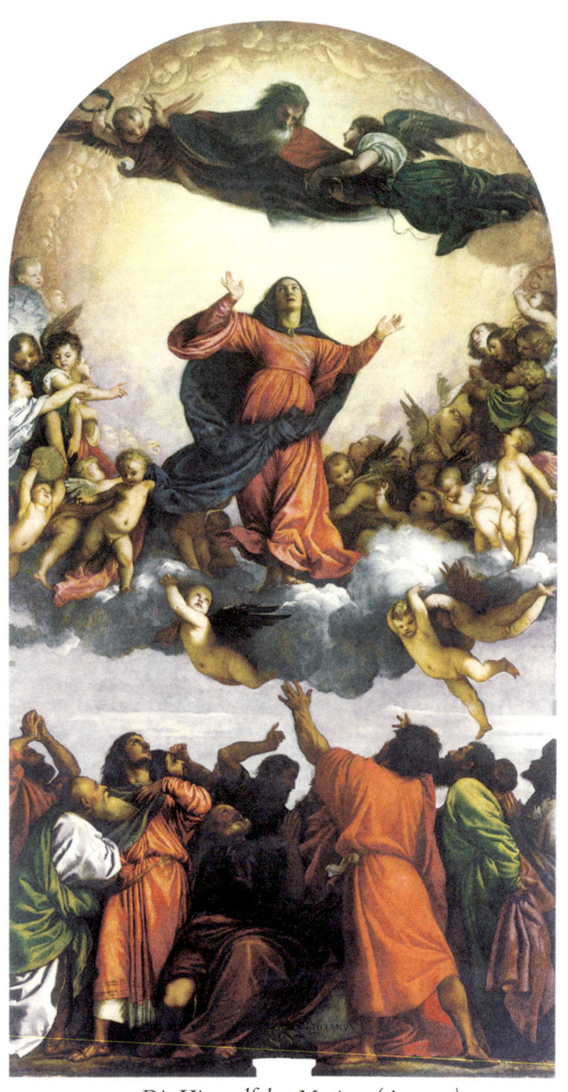

Die Himmelfahrt Mariens (Assunta).
Venedig, Santa Maria Gloriosa dei Frari

Einleitung

Vasari widmete dem großen venezianischen Künstler Tizian eine Vita, die wesentlich von der mittelitalienischen Kunsttheorie geprägt ist. So soll es Tizians Malweise laut Vasari an *disegno* mangeln, da man in Venedig der Farbe den Vorrang gebe.[1] Vasari konstruiert hier einen Gegensatz zwischen der toskanisch-römischen und der venezianischen Malerei oder vielmehr zwischen *disegno* und *colore*, um letztlich das Primat einer vom *disegno* dominierten toskanisch-römischen Malschule behaupten zu können. Besonders auffällig ist dabei die geschickte Rhetorik, mit der Vasari Tizian bisweilen höchstes Lob ausspricht, dieses dann aber häufig im nachhinein relativiert.

Die *Vita* beginnt mit der Lehrzeit bei Giovanni Bellini, von dem Tizian nur einen »trockenen, spröden und angestrengten Stil« (»maniera secca, cruda e stentata«) erlernt habe, denn Bellini und auch die anderen venezianischen Künstler studierten keine antiken Werke, sondern ahmten lediglich die Natur nach.[2] Gemäß Vasaris dreistufigem Entwicklungsmodell wird Bellinis Stil somit eindeutig der zweiten Stufe, der *seconda età*, zugeordnet. Weiter berichtet Vasari, daß Giorgione um 1507 nach Venedig gekommen sei, wo ihm die Malweise Bellinis und der anderen Künstler nicht ganz gefallen habe, so daß er begann, seinen Werken in einem »schönen Stil« (»bella maniera«) mehr Weichheit und Plastizität zu verleihen, was ihn zu einem Vertreter der *terza età* werden läßt. Gleichwohl hindert dies Vasari nicht daran, in einem ersten kunsttheoretischen Exkurs (der allerdings zugleich gegen Tizian und die anderen venezianischen Künstler gerichtet ist) auch Giorgione dafür zu rügen, daß er nur nach der Natur gemalt habe, ohne vorher Zeichnungen angefertigt zu haben.

In einem zweiten kunsttheoretischen Exkurs, den Vasari bezeichnenderweise dem aus Venedig stammenden Künstler Sebastiano del Piombo in den Mund legt, wird Tizian vorgehalten, nicht früher eine Reise nach Rom unternommen zu haben, um neben den antiken Skulpturen auch die Werke Raffaels und Michelangelos zu studieren. Tizian wird hier zwar als vollendeter Naturnachahmer hinsichtlich der Farben gelobt (»il più bello e maggiore imitatore della natura nelle cose de' colori«). Da er sich aber bei der Arbeit nicht vom *disegno* leiten lasse, sei er eigentlich nicht gleichrangig mit Raffael oder Michelangelo.

Im dritten und letzten kunsttheoretischen Exkurs, den Vasari nun Michelangelo in den Mund legt, wird erneut Tizians Farbgebung gelobt, aber zugleich einmal mehr bemängelt, daß Tizian und die anderen venezianischen Künstler sich nicht ausreichend dem Zeichenstudium widmeten. Dabei ermögliche es Vasari zufolge gerade das Zeichnen, sich vom unmittelbaren Naturvorbild zu lösen, was besonders wichtig sei, da die Natur mitunter fehlerhaft sein könne.

Gegen Ende der Tizian-Vita beschreibt Vasari eingehend die späten Werke des Künstlers und prägt so maßgeblich die Vorstellung eines ›Altersstils‹ Tizians. Dieser »späte fleckige Stil« (»ultima maniera fatta di macchie«) – der sich vor allem durch einen deutlich sichtbaren Pinselstrich auszeichnet – unterscheide sich laut Vasari grundlegend von seinen frühen Werken, die mit einer »gewissen Feinheit und unglaublichen Sorgfalt« ausgeführt und sowohl aus der Nähe wie aus der Ferne betrachtet werden könnten (»le prime son condotte con una certa finezza e diligenza incredibile, e da essere vedute da presso e da lontano«). Die späten hingegen könne man nicht aus der Nähe betrachten, aus der Ferne wirkten sie aber perfekt (»di maniera che da presso non si possono vedere e di lontano appariscono perfette«). In der Passage über die späte Malweise Tizians, die er nach der Beschreibung der *Poesie* für Philipp II. eingefügt hat, spricht Vasari Tizian höchstes Lob aus, wenn er schreibt, daß Tizian – im Gegensatz zu anderen Künstlern, die ihn nachzuahmen versuchten – dazu fähig sei, seine Gemälde so zu gestalten, daß dabei der mühevolle Arbeitsprozeß verborgen bleibe. Dennoch ist diese Stelle in der Tizian-Vita nicht zuletzt wegen Vasaris Rezeptionsvorgabe, daß man die späten Werke nur aus der Ferne betrachten könne, ambivalent.

Die Vita endet schließlich mit einem kurzen Abschnitt über die wenigen Schüler, die bei Tizian die Malkunst erlernt haben sollen – unter ihnen Paris Bordone – sowie über die in Venedig noch immer praktizierte Mosaikkunst, zu deren weiterer Entwicklung auch Tizian wesentlich beigetragen habe. Die der Vita unterlegte Struktur einer Lehrer-Schüler-Abfolge von Giovanni Bellini über Giorgione und Tizian bis hin zu Paris Bordone ist bemerkenswert, suggeriert Vasari doch auf diese Weise, daß Tizian – im Gegensatz zu Giorgione – kaum etwas zur Fortentwicklung der Künste beigetragen hat, denn Paris Bordone soll ja vorzugsweise der *maniera* Giorgiones nachgeeifert haben.

Die Kritik an der venezianischen Malweise, vor allem derjenigen Tizians, war für Vasari geradezu eine Notwendigkeit, stellt sie doch seine eigene Kunstauffassung grundsätzlich in Frage. Während bei Tizians Malweise (auch wenn er vorbereitende Studien auf Papier sowie Unterzeichnungen angefertigt hat) der Vorrang auf der Arbeit an der Leinwand lag, wobei die ursprüngliche Konzeption bisweilen grundlegend verändert werden konnte, und der Farbe zudem eine zentrale Rolle bei der Naturnachahmung zukam, postulierte Vasari hingegen das Primat des *disegno*. Freilich muß diese Forderung im Zusammenhang mit Vasaris Bemühen um eine soziale Höherstellung des Künstlers und die Gründung einer Akademie im Zeichen des *disegno* (Florenz 1563) gesehen werden. Sie ist außerdem eng mit der Vorstellung einer metaphysisch überhöhten *idea* verbunden. Die Arbeit an der Leinwand wurde daher vor allem als eine handwerkliche Tätigkeit empfunden. *Disegno* ist im Sinne Vasaris neben seiner konkreten Bedeutung als Zeichnung vornehmlich eine intellektuelle Leistung des Künstlers, der einen zuvor im Geist konzipierten Entwurf zu Papier bringt, um ihn so ordnen und weiterentwickeln zu können. Indem Vasari Entwurf und Ausführung voneinander trennt, verfolgt er auch das Ziel, die künstlerische Tätigkeit als eine primär geistige zu etablieren, womit er auch den Künstlerberuf zu nobilitieren sucht. Der Farbe weist Vasari hingegen eine vorwiegend untergeordnete Rolle zu, die besonders darin besteht, den ihr übergeordneten *disegno* zu vervollkommnen.

Mit dem *disegno* eng verbunden ist auch Vasaris Auffassung einer ›richtigen‹ Naturnachahmung. Während die getreue Nachahmung der Natur vorrangiges Ziel jener Künstler war, die Vasari gemäß seinem zyklischen Entwicklungsmodell der ersten und zweiten Epoche zuordnet, weicht sie in der *terza età* der Perfektionierung und Überbietung der Natur durch die Kunst. Nachahmung wird so als eine Form der Idealisierung verstanden, die erst dadurch erreicht wird, daß der Künstler sich beständig im Zeichnen übt und sich intensiv dem Studium des nackten menschlichen oder vielmehr männlichen Körpers sowie dem der antiken Skulpturen und dem der herausragenden modernen Werke widmet. Der übergeordnete *disegno* wirkt daher wie ein Korrektiv, denn erst die aus ihm gewonnene Urteilskraft erlaubt es, vom mitunter fehlerhaften Naturvorbild zu abstrahieren. Die venezianischen Künstler hingegen sind laut Vasari im Grunde von der Natur abhängig und reproduzieren diese eigentlich nur. Vor allem bei der Beschreibung des Heiligen Sebastian im Altarbild für die venezianische Kirche San Niccolò, der wie »ein Abdruck nach dem Leben« zu sein scheint (»stampato dal vivo«), offenbart sich Vasaris Bewertung von Tizians Naturnachahmung.

Dennoch zollt Vasari dem gefeierten Hofkünstler Tizian Anerkennung, indem er seine zahlreichen Porträts bedeutender Persönlichkeiten erwähnt und immer wieder betont, wieviel Geld der Venezianer mit seiner Kunst verdient habe. Tizian war in der Tat ein an den europäischen Herrscherhöfen begehrter Künstler, der unter anderem für die Farnese, Este, Gonzaga, della Rovere und besonders für Kaiser Karl V. und dessen Sohn Philipp II. Gemälde schuf. Vasaris Wertschätzung der Bildniskunst Tizians ist aber höchst ambivalent, wenn man bedenkt, daß er der Gattung des Porträts nicht den gleichen Stellenwert

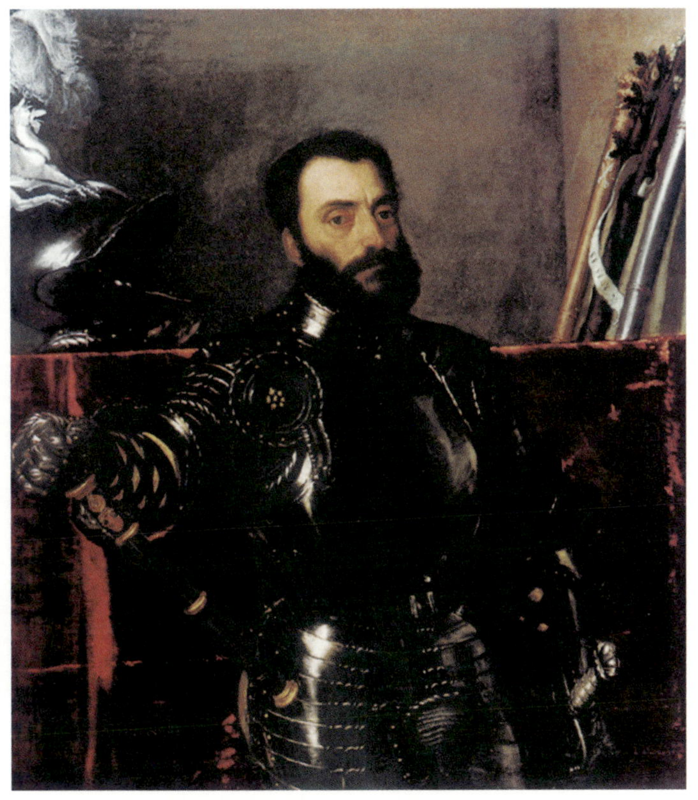

Francesco Maria della Rovere. Florenz, Uffizien

beimaß wie derjenigen der *istoria*, da seiner Meinung nach dem Porträt meist die bloße Nachahmung des Naturvorbildes zugrunde liegt.[3] Bezeichnenderweise berichtet Vasari von Michelangelo in dessen Vita, daß er zeitlebens nur ein Bildnis gemalt habe, nämlich das des Tommaso de' Cavalieri auf Karton, da »er das Nachahmen von Lebendem verabscheute, wenn es nicht von unermeßlicher Schönheit war«.[4] Tizian hingegen wird von Vasari vor allem als Porträtmaler präsentiert, wie nicht so sehr an den unzähligen, von Vasari erwähnten Porträts deutlich wird, die Tizian ja auch tatsächlich gemalt hat, sondern vielmehr daran, daß Vasari die narrativ gestalteten Bilder (bis auf wenige Ausnahmen) meist nur kurz beschreibt. Dennoch verschließt Vasari sich nicht allen narrativ gestalteten Gemälden Tizians, wie beispielsweise dem *Martyrium des Heiligen Petrus Martyr* oder dem *Martyrium des Heiligen Laurentius*, welche er mit eindrucksvollen Beschreibungen würdigt.

Wie Vasari selbst mehrfach erwähnt, stammten viele Informationen, die er für die Niederschrift der Vita nutzte, von Tizian selbst, den er im Mai 1566 in seiner Werkstatt in Venedig aufsuchte, wo er zahlreiche Werke des Künstlers sehen konnte. Darüber hinaus erhielt Vasari neben Tizians Mitarbeiter Giovanni Maria Verdizotti auch zahlreiche Informationen von seinem engen Freund Cosimo Bartoli, der seit 1562 Florentiner Botschafter in Venedig war und bereits bei der Vitenedition von 1550 mitgewirkt hatte.[5]

Die Reaktion anderer Kunsttheoretiker oder Künstler auf Vasaris Bewertung der venezianischen Malweise blieb natürlich nicht aus und zeigte sich mitunter in offener Kritik an Vasaris Position. Vor allem venezianische Kunsttheoretiker nahmen Vasaris Urteil als Herausforderung an und propagierten ihrerseits Tizian zum vollkommensten aller Maler, wobei sie häufig Vasaris Einwände ins Positive wendeten. Die vor allem durch die Farbgebung erreichte vollendete Naturnachahmung betrachteten sie als die höchste Stufe der Kunst, da sie Gemälde erschaffe, die natürlicher als die Natur wirken. Schon Lodovico Dolce hatte sich 1557 in seinem *Dialogo della Pittura, intitolato l'Aretino* gegen Vasaris Auffassung von der venezianischen Kunst gewandt, wie sie in der ersten Ausgabe der *Vite* in einigen Lebensbeschreibungen (z.B. Bellini, Carpaccio, Giorgione oder Pordenone) formuliert worden war, so daß seine Schrift als direkte Antwort auf Vasaris Vitenedition von 1550 gelten kann.[6] Dolce deklariert darin *colorito*, *invenzione* und *disegno* als gleichwertig und Tizian zum Raffael und Michelangelo überragenden Künstler, da dieser alle drei Teile auf vollendete Weise in seiner Kunst vereine. Besonders lobt er Tizians Naturnachahmung und den dadurch im wesentlichen durch die Farbe erzeugten Eindruck von Lebendigkeit. Die von ihm gemalten Körper scheinen laut Dolce zu atmen, zu pulsieren, so daß man meine, sie bestünden aus wirklichem Fleisch und nicht aus Farbe, wodurch Tizian schließlich die Natur selbst übertreffe. Auch Carlo Ridolfi, besonders Marco Boschini und schließlich Annibale Caracci in seinen Anmerkungen zu Vasaris *Vite* übten Kritik am vasarianischen Modell, vor allem am vermeintlichen Primat einer toskanisch-römischen Malschule.[7] Gerade der Künstler, Dichter und Kunstschriftsteller Boschini, der ebenfalls die lebendig wirkenden Figuren Tizians lobte, war einer der wichtigsten Verteidiger der venezianischen Malweise, der in seinen Schriften nachdrücklich eine spezifisch venezianische Theorie des *colorito* zu begründen suchte. Nach Boschini könne das vorrangige Ziel der Malerei nur die vollendete Nachahmung der Natur sein, wobei dem *colorito* eine entscheidende Rolle zukomme. Dennoch hat Vasaris Tizian-Vita die Kunstgeschichtsschreibung über den Künstler (und über die venezianische Kunst allgemein) maßgeblich beeinflußt, was sich auch daran zeigt, daß Tizian – im Gegensatz zu Michelangelo – lange Zeit nicht als ein Künstler angesehen wurde, der sich auch auf theoretischer Ebene mit der Malkunst auseinandergesetzt habe.

Für die nachfolgenden Künstlergenerationen war Tizians Kunst von großer Bedeutung, wie nicht zuletzt die Beispiele Rubens, Velázquez und Turner zeigen.

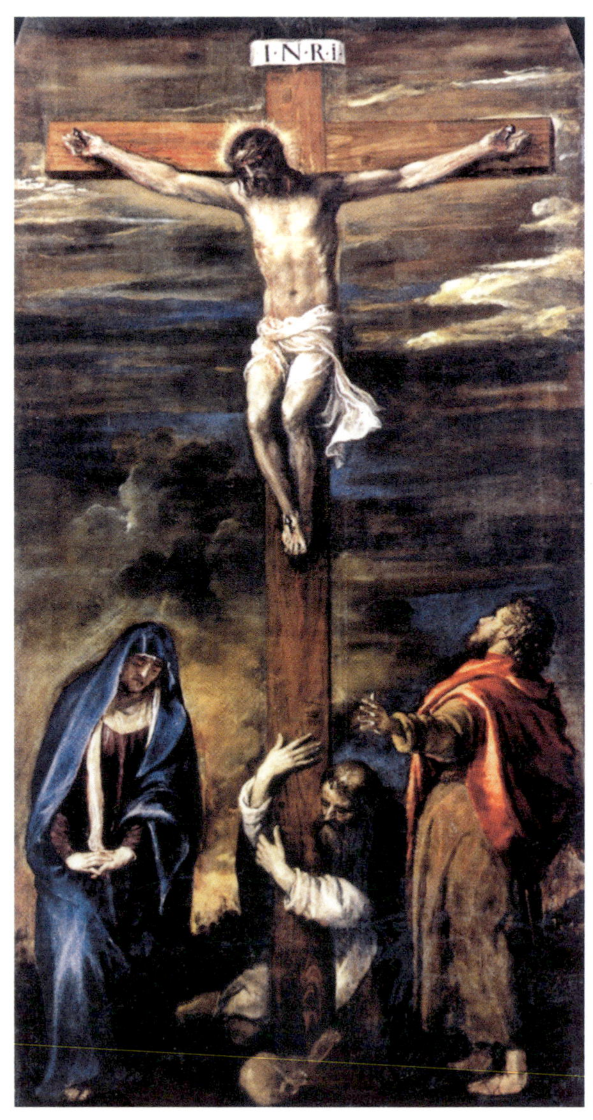

Kreuzigung. Ancona, San Domenico

Giorgio Vasari
Beschreibung der Werke des Malers Tizian aus Cadore (1568)

Descrizione dell'opere di Tiziano da Cador Pittore (1568)

Tizian[1] wurde 1480[2] in Cadore, einem kleinen, fünf Meilen von der Alpenschlucht entfernten Weiler an der Piave, als Sprößling der Familie Vecellio[3] geboren, die in dieser Gegend zu den vornehmsten zählt. Als er sich im Alter von zehn Jahren von schönem Geist und wachem Verstand zeigte, schickte man ihn nach Venedig in das Haus eines Onkels, der dort ein angesehener Bürger war.[4] Dieser bemerkte das große Interesse des Jungen an der Malerei und gab ihn bei Giambellino [i.e. Giovanni Bellini][5] in die Lehre, von dem schon gesagt wurde, daß er zu jener Zeit ein vortrefflicher und sehr berühmter Maler war. Unter seiner Anleitung ging Tizian dem Zeichnen nach und ließ innerhalb kürzester Zeit erkennen, daß er von der Natur in all jenen Bereichen mit Talent und Urteilskraft beschenkt worden war, die für die Kunst der Malerei unerläßlich sind. Da aber Giambellino und die anderen Maler dieser Gegend zu jener Zeit kein Studium antiker Werke betrieben und statt dessen häufig oder sagen wir besser ausnahmslos die Angewohnheit hatten, alles, was sie schufen, nach der Natur wiederzugeben, allerdings in einem trockenen, spröden und angestrengten Stil, erlernte auch Tizian seinerzeit zunächst jene Malweise.[6] Als dann aber um 1507 Giorgione[7] aus Castelfranco kam und ihm [Tizian] besagte Vorgehensweise nicht in allem zusagte, begann er, seinen Werken in einem schönen Stil mehr Weichheit und größere Plastizität zu verleihen. Dennoch pflegte er weiterhin lebendige und natürliche Dinge vor sich zu postieren, sie so gut er konnte mit Farben nachzuahmen, indem er harte und weiche Farbtöne entsprechend ihrer natürlichen Erscheinung auftupfte, und dies ohne zuvor eine Zeichnung angefertigt zu haben, da er der festen Überzeugung war, daß allein das farbliche Gestalten ohne die Hilfe von Zeichenstudien auf Papier die wahre und beste Methode sei und dies den eigentlichen *disegno* darstelle. Dabei übersah er allerdings, daß jemand, der gut angelegte Kompositionen wünscht und die Einfälle ordnen möchte, sie notwendigerweise zuvor auf unterschiedliche Weisen zu Papier bringen muß, um zu sehen, wie alles zusammenpaßt. Die Vorstellung an sich vermag die Einfälle weder zu sehen noch sie zu imaginieren, wenn sie ihre Konzeption den leiblichen Augen nicht eröffnet und vorführt, auf daß sie ihr bei der erfolgreichen Urteilsfindung Hilfe leisten. Darüber hinaus ist ein intensives Studium nackter Körper unerläßlich, möchte man ein gründliches Verständnis von ihnen bekommen, und dies gelingt nicht und kann auch nicht gelingen, ohne daß man sie zu Papier bringt. So ist es keine geringe Fessel für den, der immer nur mit Farben malt, ständig nackte oder bekleidete Personen vor sich zu haben, während auf der anderen Seite derjenige, der sich im Zeichnen auf Papier geübt hat, seine Werke allmählich mit größerer Leichtigkeit zeichnend und malend zur Ausführung bringen wird. Auf diese Weise bekommt man Übung in der Kunst und bildet Stil und meisterhaftes Urteilsvermögen aus, wobei man jene Mühe und Anstrengung beseitigt, mit der die oben genannten Gemälde [der zweiten *maniera*] ausgeführt sind. Ganz zu schweigen davon, daß sich beim Zeichnen auf Papier der Geist mit schönen Ideen füllt und man dabei lernt, alle Gegenstände der Natur aus dem Kopf wiederzugeben, ohne sie ständig vor Augen zu haben und ohne die aus der Unkenntnis im Zeichnen resultierende Anstrengung unter der Anmut der Farben verbergen zu müssen, wie dies viele Jahre lang die venezianischen Maler Giorgione, Palma,[8] Pordenone[9] und andere zu tun pflegten, die Rom nie besucht haben und auch andere absolut vollkommene Werke niemals zu Gesicht bekamen.[10]

Nachdem Tizian also die Arbeitsweise und den Stil Giorgiones gesehen hatte, gab er den Stil von Giambellino auf, obwohl er viel Zeit damit zugebracht hatte, und näherte sich jenem [Giorgiones] an, den er nach kurzer Zeit so gut nachahmte, daß seine Gemälde zuweilen mit jenen Giorgiones verwechselt oder gar für die seinen gehalten wurden, wie weiter unten noch zu sagen sein wird.[11] Als Tizian dann an Alter, Erfahrung und Urteilskraft gereift war, führte er viele Werke in Fresko aus, die man nicht der Reihe nach aufzählen kann, da sie an verschiedenen Orten verstreut sind. Es genügt der Hinweis, daß sie so beschaffen waren, daß viele Kenner zu dem Urteil kamen, er müsse ein ganz vortrefflicher Maler werden, wie es dann auch geschah.

In der Anfangszeit, als er Giorgiones Stil zu folgen begann und nicht mehr als achtzehn Jahre zählte, malte er das Bildnis eines befreundeten Edelmanns aus der Familie Barbarigo,[12] das man für sehr schön hielt, weil es in der Hautfarbe ähnlich und natürlich getroffen war und er die einzelnen Haare so detailliert ausgearbeitet hatte, daß man sie ebenso hätte zählen können wie die Nahtstiche eines Wamses aus silbergewirktem Atlas, das er in diesem Werk wiedergab.[13] Kurz und gut, man hielt es für so gut und sorgfältig ausgeführt, daß es für ein Werk Giorgiones hätte gelten können, wenn nicht Tizian seinen Namen auf den verschatteten Grund geschrieben hätte. Unterdessen hatte Giorgione die Hauptfassade am Fondaco dei Tedeschi gestaltet, woraufhin man Tizian dank der Vermittlung Barbarigos einige Szenen übertrug, die sich am selben Gebäude oberhalb des Warenlagers befinden [siehe unten].[14] Nach diesem Werk

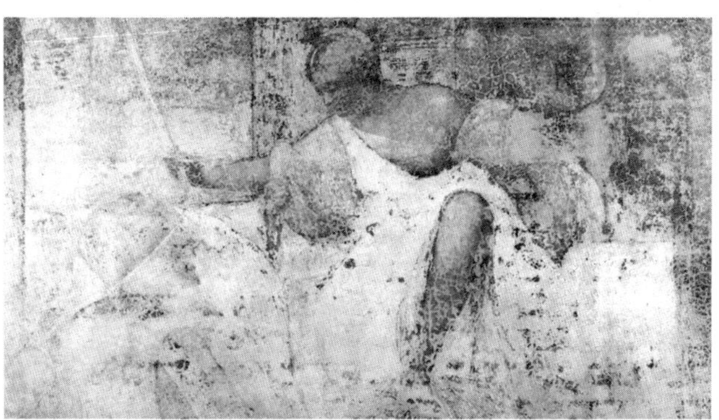

Fragment der Fassadendekoration des Fondaco dei Tedeschi (Judith oder Justitia). Venedig, Ca'd'Oro, Galleria Franchetti

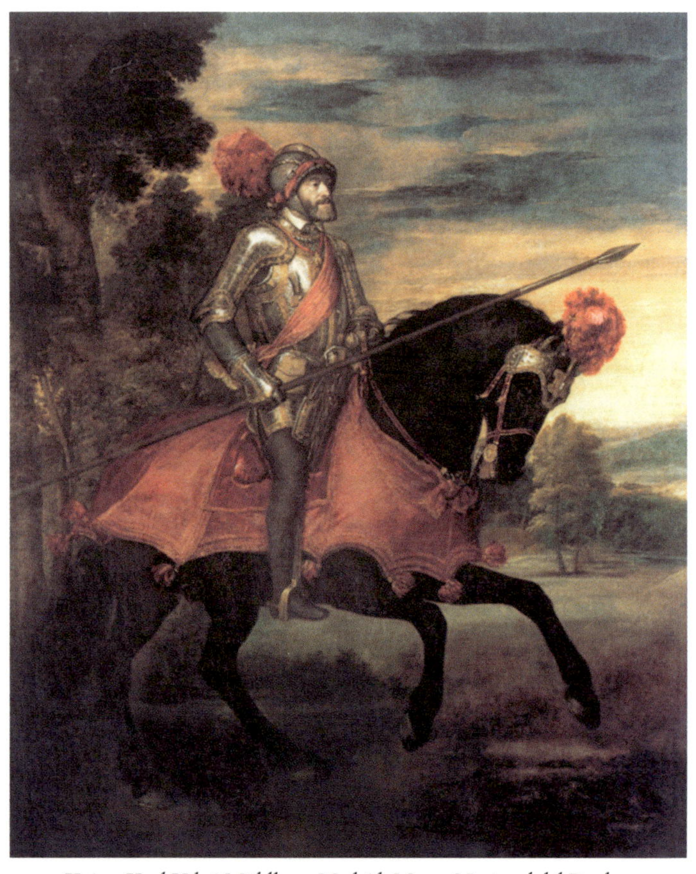

Kaiser Karl V. bei Mühlberg. Madrid, Museo Nacional del Prado

schuf er ein Bild mit annähernd lebensgroßen Figuren, das sich heute im Saal des bei San Marcuola ansässigen Messer Andrea Loredan[15] befindet. Darin ist die nach Ägypten ziehende Madonna inmitten eines großen Waldes und einigen sehr gut gemachten Landschaftsausschnitten gemalt, da Tizian sich viele Monate in der Wiedergabe solcher Dinge geübt und zu diesem Zweck einige Deutsche ins Haus geholt hatte, die vortreffliche

Landschafts- und Laubwerkmaler waren.[16] Ebenso malte er im Wald des Bildes viele Tiere, die er nach dem lebendigen Vorbild wiedergab und die in der Tat naturgetreu und fast lebendig sind. Danach malte er im Haus seines Freundes Messer Giovanni d'Anna, eines Edelmannes und Kaufmanns aus Flandern,[17] sein lebendig wirkendes Porträt[18] und außerdem ein vielfiguriges Bild des Ecce Homo, das von Tizian selbst und auch anderen für ein sehr schönes Werk gehalten wurde.[19] Auch schuf er ein Bild der Madonna mit weiteren natürlich wirkenden Figuren von Männern und Kindern, die alle nach dem Leben und nach Personen jenes Hauses gemalt sind.[20] Während dann im Jahr 1507 Kaiser Maximilian[21] gegen die Venezianer Krieg führte,[22] malte Tizian laut eigenem Bekunden in der Kirche San Marziale einen Erzengel Raphael mit Tobias und einem Hund und in der Ferne eine Landschaft, wo der Heilige Johannes der Täufer in einem Wäldchen auf Knien zum Himmel betet, aus dem ein Licht hervorbricht und ihn erhellt.[23] Dieses Werk, glaubt man, wurde ausgeführt, bevor er die Fassade am Fondaco dei Tedeschi zu malen begann. Was jene Fassade betrifft, so war vielen Edelleuten weder bekannt, daß Giorgione dort nicht mehr arbeitete, noch daß Tizian, der schon einen Teil davon enthüllt hatte, mit ihrer Ausführung beschäftigt war. Und als sie Giorgione begegneten, gratulierten sie ihm freundschaftlich mit der Bemerkung, daß er sich auf der Fassade zum Warenlager hin besser gehalten hätte als auf jener am Canal Grande. Darüber war Giorgione dermaßen verärgert, daß er sich kaum noch blikken ließ, solange das Werk durch Tizian nicht ganz vollendet und nicht überall bekannt war, daß dieser jenen Teil ausgeführt hatte. Auch wollte er von da an weder weiter mit Tizian verkehren noch mit ihm befreundet sein.[24]

Im darauffolgenden Jahr 1508 gab Tizian in einem Holzschnitt den Triumph des Glaubens mit einer Vielzahl von Figuren heraus, die Stammeltern, Patriarchen, Propheten und Sibyllen, die unschuldigen Kinder, die Märtyrer und die Apostel und Jesus Christus, der von den vier Evangelisten und den vier Kirchenlehrern im Triumph getragen wird, und dahinter die vier

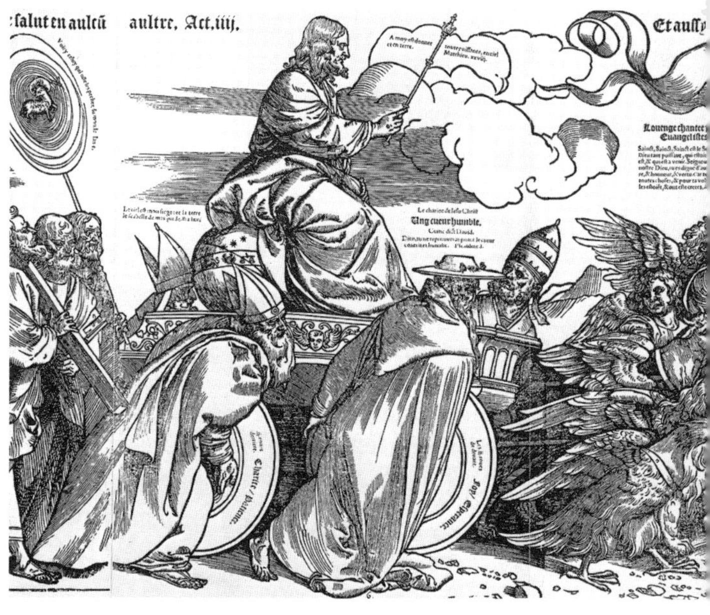

Der Triumph des Glaubens

Heiligen Glaubensbekenner [siehe oben].[25] In diesem Werk bewies Tizian Kühnheit, Schönheit im Stil und die Fähigkeit, routiniert zu arbeiten. Und ich erinnere mich, daß Fra Sebastiano del Piombo[26], als wir darüber sprachen, zu mir sagte, daß Tizian herrlichste Dinge vollbracht hätte, wenn er zu jener Zeit in Rom gewesen wäre und dort die Werke Michelangelos,[27] Raffaels[28] und die antiken Statuen gesehen und sich dazu im Zeichnen geübt hätte. Dann nämlich wäre er, dessen schöne Erfahrung in der Farbgestaltung offensichtlich sei und der es verdiene, hinsichtlich der Farben als der beste und größte Naturnachahmer unserer Zeit gerühmt zu werden, in der Grundlage des großen *disegno* dem Urbinaten und Buonarroti gleichgekommen.[29]

Anschließend ging Tizian nach Vicenza und freskierte unter der kleinen Loggia, wo in öffentlicher Sitzung Gericht gehalten wird, das Urteil Salomons, das ein schönes Werk war.[30] Nach

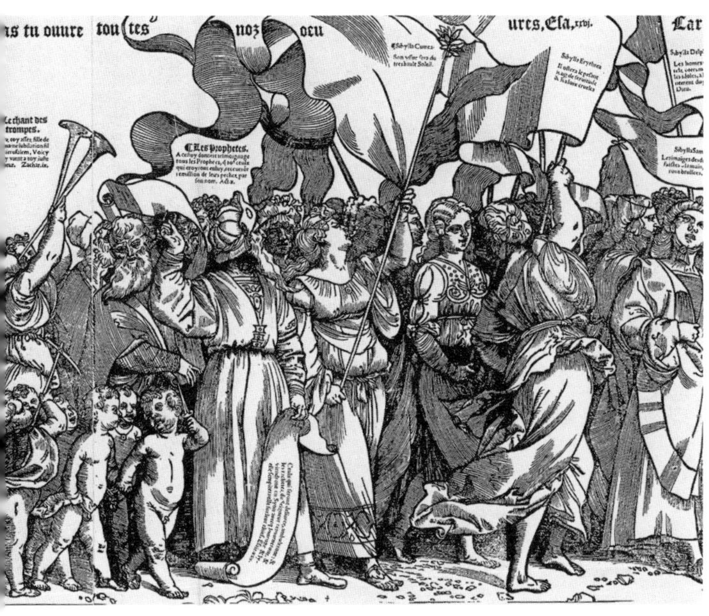

Venedig zurückgekehrt, bemalte er kurz darauf die Hausfassade der Grimani.[31] In Padua schuf er in der Kirche Sant'Antonio ebenfalls in Fresko einige Szenen mit den Taten dieses Heiligen.[32] Und in jener von Santo Spirito malte er in einer kleinen, in Öl und mit größter Sorgfalt ausgeführten Tafel einen sitzenden Heiligen Markus, umgeben von einigen Heiligen, deren Gesichter zum Teil naturgetreue Porträts wiedergeben.[33] Diese Tafel glaubten viele von der Hand Giorgiones. Als dann durch den Tod von Giovanni Bellini eine Szene im großen Ratssaal unvollendet geblieben war, in der Friedrich Barbarossa[34] am Portal der Markuskirche vor Papst Alexander III.[35] auf den Knien liegt und dieser ihm den Fuß auf den Nacken setzt, führte Tizian sie zu Ende, der vieles daran veränderte und eine Menge Bildnisse von seinen Freunden und anderen nach dem Leben gemalten Personen einfügte.[36] Er wurde deshalb vom Senat mit einem Amt im Fondaco

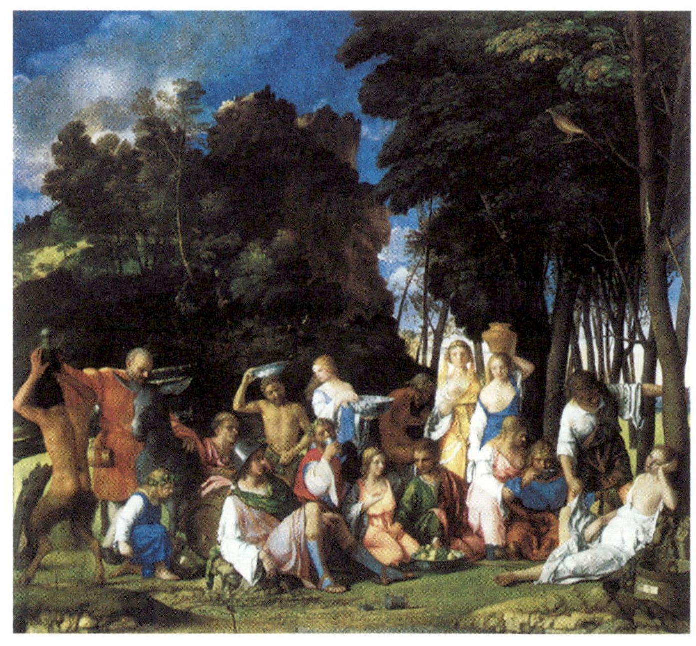

Giovanni Bellini (und Tizian): Götterfest.
Washington, National Gallery of Art, Widener Collection

dei Tedeschi belohnt, das als *sensaria* bezeichnet wird und dreihundert Scudi pro Jahr einbringt.[37] Dieses Amt verleihen jene Senatoren gewöhnlich dem herausragendsten Maler ihrer Stadt unter der Voraussetzung, daß dieser der Verpflichtung nachkommt, von Zeit zu Zeit die Porträts ihrer neugewählten Fürsten oder Dogen[38] zu malen, und zwar zum Preis von nur acht Scudi, die ihm von diesem Fürsten gezahlt werden. Dieses Bildnis wird dann zu dessen Andenken an einem öffentlich zugänglichen Ort im Palast von San Marco aufgestellt.

Nachdem Herzog Alfonso von Ferrara[39] 1514 ein *camerino*[40] hatte einrichten und den ferraresischen Maler Dosso[41] in einige Felder Szenen hatte malen lassen, die Aeneas, Mars und Venus zeigen und in einer Grotte Vulkan mit zwei Schmieden an der

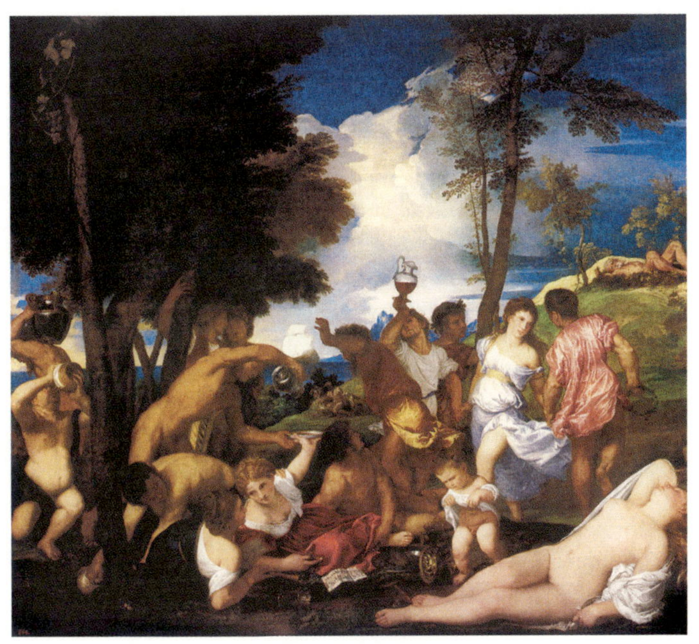

Die Andrier (Das Bacchanal).
Madrid, Museo Nacional del Prado

Esse,[42] wollte er dort auch Gemälde von der Hand Giambellinos haben. Dieser malte auf einer anderen Wand einen Bottich mit rotem Wein und ringsum einige Bacchanten, Musikanten, Satyrn und andere trunkene Männer und Frauen, daneben einen ganz nackten und sehr schönen Silen, der auf seinem Esel reitet und von Menschen mit Händen voller Früchte und Trauben umringt ist [siehe links].[43] Dieses Werk war in der Tat mit großer Sorgfalt ausgeführt und koloriert worden, ja es ist eines der schönsten Bilder, die Giambellino je geschaffen hat, wenn auch die Gewänder etwas Hartes nach deutschem Stil erkennen lassen, was aber nicht viel heißen will, da er eine Tafel des Flamen Albrecht Dürer[44] nachahmte – ein außerordentliches Ölgemälde voller schöner Figuren –, die in diesen Tagen nach Venedig überführt und in die Kirche San Bartolomeo gebracht worden war.[45] Auf den erwähnten Bottich schrieb Giambellino folgende Worte: GIOVANNI BELLINI AUS VENEDIG MALTE DIES 1514. Weil er dieses Werk aber wegen seines fortgeschrittenen Alters nicht ganz fertigstellen konnte, wurde nach Tizian als dem vortrefflichsten von allen geschickt, damit er es vollenden würde. Dieser schuf daraufhin im Wunsch nach Verdienst und Bekanntheit mit großer Sorgfalt die zwei noch fehlenden Szenen in besagtem *camerino*. Das erste zeigt einen Strom roten Weins, um den sich halbtrunkene Sänger und Musikanten – Frauen wie Männer – scharen und zusammen mit weiteren Figuren eine nackte schlafende Frau, die so schön ist, daß sie lebendig scheint [siehe Seite 23].[46] Dieses Bild signierte Tizian mit seinem Namen. In dem anderen, das gleich daneben gegenüber vom Eingang hängt, schuf er viele Amoretten und schöne Putten in verschiedenen Haltungen, was jenem Herrn sehr gefiel, wie im übrigen auch das andere Bild.[47] Unter den erwähnten Putten aber ist einer wunderschön, der in den Fluß pieselt und sich dabei im Wasser widerspiegelt, während die anderen ein altarförmiges Postament umringen, auf dem eine Venusstatue mit einer Meeresmuschel in der rechten Hand steht, daneben die sehr schönen und mit unglaublicher Sorgfalt ausgeführten Figuren von Anmut und Schönheit. Ebenso bemalte Tizian die obere Hälfte einer Schranktür mit einem wunderbaren und herrlichen Brustbild von Christus, dem ein bäuerischer Jude die Münze des Kaisers zeigt.[48] Von diesem Brustbild und anderen Gemälden des besagten Zimmers behaupten unsere hervorragendsten Künstler, sie seien die besten und gelungensten, die Tizian je geschaffen hat, und tatsächlich sind sie ganz außerordentlich. Dafür verdiente er großzügigste Anerkennung und Belohnung von jenem Herrn, den er ganz vorzüglich mit einem Arm über einem großen Geschütz porträtierte.[49] Ebenso malte er das Porträt der Frau Laura,[50] der späteren Gemahlin jenes Herzogs, das ein herrliches Werk ist.[51] Und in der Tat üben Geschenke eine große Wirkung auf diejenigen aus, die sich um der Tugend willen mühen, wenn die Freigebigkeit der Fürsten sie aufsteigen läßt.

Zu dieser Zeit schloß Tizian Freundschaft mit dem göttlichen Messer Ludovico Ariosto[52], von dem er als vortrefflicher Maler gerühmt und in seinem *Orlando furioso* folgendermaßen gewürdigt wurde: »... und Tizian ehrte nicht weniger Cadore als Venedig und Urbino.«

Anschließend nach Venedig zurückgekehrt, schuf Tizian für den Schwiegervater von Giovanni da Castel Bolognese[53] in Öl auf Leinwand einen nackten Hirten und eine Bäuerin, die ihm ein paar Flöten zum Musizieren reicht, und dazu eine wunderschöne Landschaft.[54] Dieses Bild befindet sich heute in Faenza im Haus des oben genannten Giovanni. Danach schuf er in der Ca' Grande genannten Kirche der Minoritenbrüder in einer Tafel für den Hauptaltar die Himmelfahrt der Madonna und in der unteren Zone die zwölf Apostel, die ihr beim Auffahren zusehen [siehe Seite 6].[55] Weil dieses Werk aber auf Leinwand ausgeführt und vielleicht schlecht gepflegt wurde, erkennt man darauf nur noch wenig. In derselben Kirche malte er in der Familienkapelle der Pesaro in einer Tafel die Madonna mit dem Sohn auf dem Arm, einen Heiligen Petrus und einen Heiligen Georg.[56] An den Seiten stellte er die knienden und nach dem Leben porträtierten Eigentümer dieser Kapelle dar, unter denen der Bischof von Paphos und jener Bruder sind, die damals siegreich aus der Schlacht zurückkehrten, die besagter Bischof gegen die Türken führte.[57] In der kleinen Kirche San Nicolò im gleichnamigen Kloster schuf er in einer Tafel den Heiligen Nikolaus, den Heiligen Franziskus, die Heilige Katharina und den Heiligen Sebastian, den er nackt, naturgetreu und ganz ohne jene Kunstmittel darstellte, die man sonst zur Anwendung kommen sieht, wenn es darum geht, die Schönheit der Beine und des Oberkörpers wiederzugeben [siehe Seite 26], weil dort nichts anderes gemalt ist als das, was er am natürlichen Vorbild sah, weshalb alles wie ein Abdruck nach dem Leben erscheint, so fleischlich und wirklich ist er.[58] Und doch gilt er als schön, wie auch eine Madonna mit dem Kind im Arm, zu der alle genannten Figuren hinblicken, sehr anmutig ist. Die Darstellung dieser Tafel wurde von Tizian selbst auf Holz gezeichnet und dann von anderen

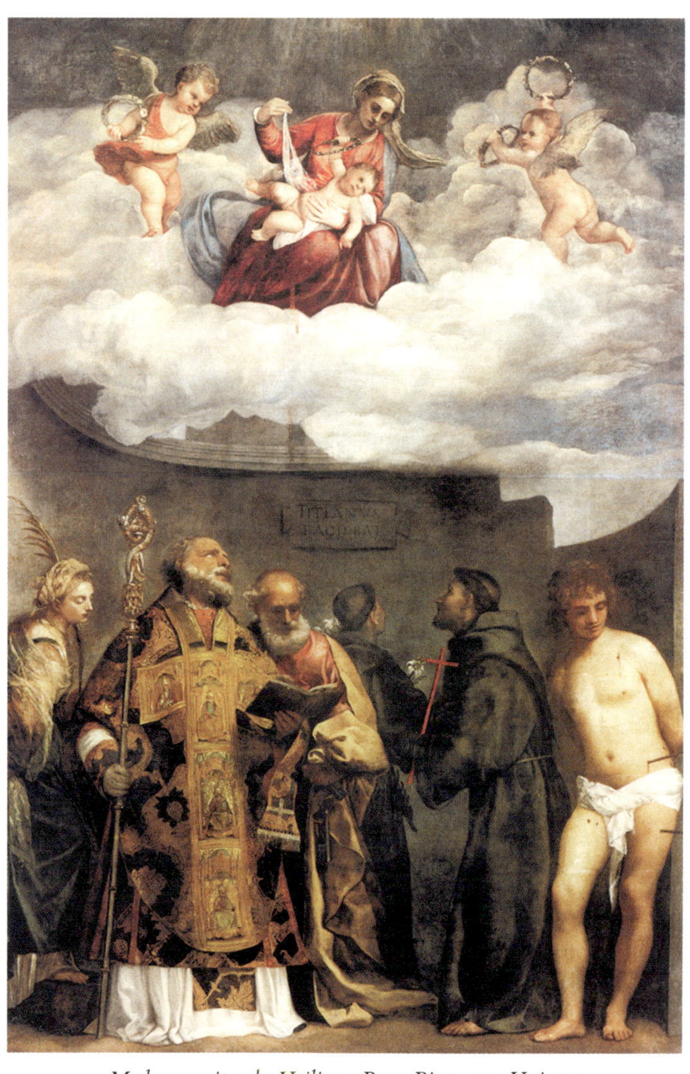

Madonna mit sechs Heiligen. Rom, Pinacoteca Vaticana

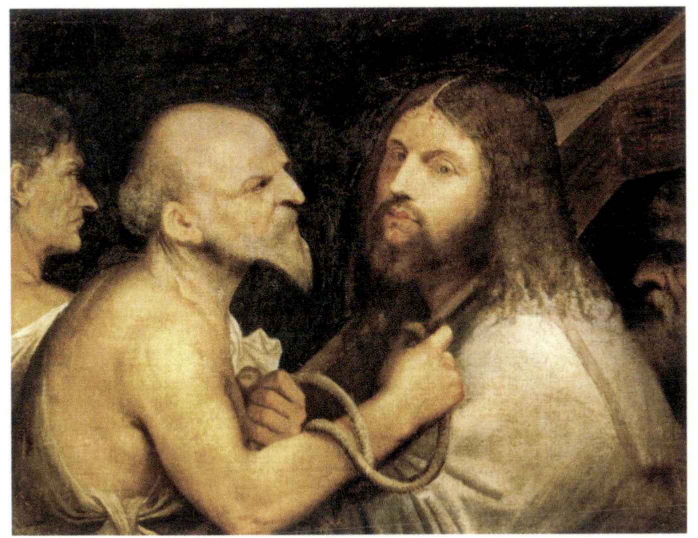

Tizian (oder Giorgione?): Kreuztragung Christi. Venedig, Scuola Grande di San Rocco

geschnitten und gedruckt.[59] Nach den erwähnten Arbeiten schuf er für die Kirche San Rocco ein Bild von Christus, der das Kreuz auf den Schultern trägt und mit einem Strick um den Hals von einem Juden gezogen wird [siehe oben].[60] Dieser Figur, die viele von der Hand Giorgiones glaubten, wird heutzutage in Venedig die größte Verehrung zuteil und sie hat mehr Scudi als Almosen empfangen als Tizian und Giorgione in ihrem ganzen Leben verdient haben.

Anschließend wurde er von Bembo, der damals Sekretär von Papst Leo X. war und den er schon früher porträtiert hatte, nach Rom eingeladen, um die Stadt kennenzulernen und Raffael von Urbino und andere zu treffen, doch Tizian verschob dieses Vorhaben solange von heute auf morgen, bis Leo und Raffael schließlich im Jahr 1520 gestorben waren und er dann nicht mehr hinging. Für die Kirche Santa Maria Maggiore schuf er in einem Bild Johannes den Täufer zwischen einigen Felsen in der Wüste,

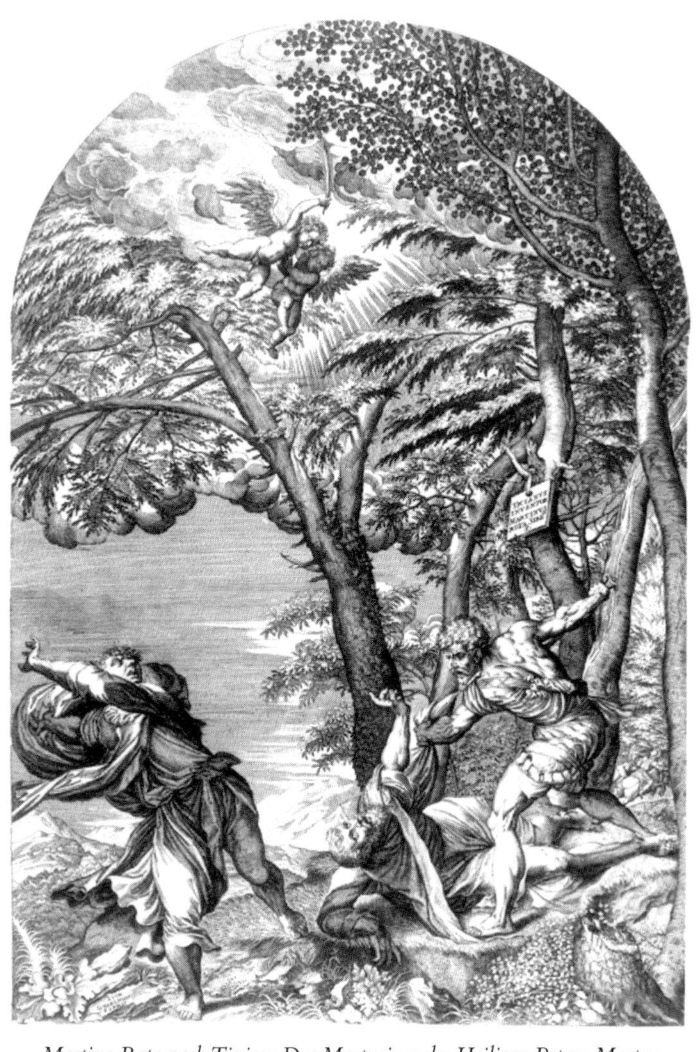

Martino Rota nach Tizian: Das Martyrium des Heiligen Petrus Martyr

einen lebendig wirkenden Engel und ein kleines Fleckchen Landschaft im Hintergrund mit einigen sehr anmutigen Bäumen entlang dem Ufer eines Flusses.[63] Auch porträtierte er den Dogen Grimani[64] und [den Dogen] Loredan[65] nach dem Leben, deren Bildnisse man für wunderbar hielt, und wenig später König Franz,[66] als er aus Italien aufbrach, um nach Frankreich zurückzukehren. Und in dem Jahr, als Andrea Gritti[67] zum Dogen gewählt wurde, schuf Tizian sein ganz außerordentliches Porträt in einem Bild, das die Madonna, den Heiligen Markus und den Heiligen Andreas mit dem Antlitz des besagten Dogen zeigt;[68] dieses überaus wundervolle Bild befindet sich in der Sala del Collegio.[69] Und weil er sich, wie gesagt, dazu verpflichtet hatte, malte er außer den obengenannten Bildnissen auch die Porträts der anderen Dogen, die zeitlich nachfolgten: Pietro Lando,[70] Francesco Donà,[71] Marcantonio Trevisan[72] und Venier.[73] Schließlich wurde er aber von den beiden Dogen und Brüdern Priuli[74] wegen seines hohen Alters von dieser Verpflichtung entbunden.

Als Pietro Aretino,[75] hochberühmter Dichter unserer Zeit, vor der Plünderung Roms nach Venedig gekommen war, freundete er sich sehr mit Tizian und Sansovino[76] an, was Tizian zu großem Ansehen und Vorteil verhalf, weil er dessen Ruf so weit trug, wie seine Feder reichte und besonders bis hin zu einflußreichen Fürsten, wie an entsprechender Stelle zu berichten sein wird. Doch um zu den Werken Tizians zurückzukehren: Dieser schuf unterdessen in der Kirche Santi Giovanni e Paolo die Altartafel des Heiligen Petrus Martyr, worin er besagten Märtyrerheiligen überlebensgroß in einem Wald von riesigen Bäumen zu Boden gestürzt darstellte, wo ein Soldat brutal über ihn herfällt und ihn so am Kopf verletzt hat, daß er halbtot ist und sein Gesicht das Grauen vor dem Tod zu erkennen gibt [siehe links][77], während man bei einem anderen vorneweg fliehenden Bruder Schrecken und Todesfurcht gewahrt. In der Luft sind zwei nackte Engel, die in einem Lichtstrahl vom Himmel kommen, welcher die wunderschöne Landschaft und das ganze Bild beleuchtet – dieses Werk ist das vollkommenste, meistgerühmte, größte und hinsichtlich Planung und Ausführung beste von allen, die Tizian in seinem ganzen Leben geschaffen hat. Nachdem [Doge] Gritti, der stets ein guter Freund Tizians und auch Sansovinos war, dieses Werk zu Gesicht bekommen hatte, ließ er bei ihm eine große Szene mit der Niederlage von Chiaradadda für den großen Ratssaal in Auftrag geben. Darin stellte Tizian eine Schlacht und die Raserei der kämpfenden Soldaten dar, während ein fürchterlicher Regenguß vom Himmel niedergeht [siehe rechts].[78] Dieses ganz nach der Natur ausgeführte Werk gilt unter den zahlreichen Szenen in diesem Saal als das beste und schönste. Und im selben Palast malte er am Fuß einer Treppe eine Madonna in Fresko.[79]

Nicht lange danach schuf er für einen Edelmann der Familie Contarini[80] ein Bild mit einem wunderschönen Christus, der mit Kleophas und Lukas zu Tisch sitzt.[81] Und da jenem Edelmann dieses Werk einer öffentlichen Aufstellung würdig schien – was es auch wirklich ist –, machte er es aufgrund seiner großen Verbundenheit mit seiner Heimat und dem Staat der Signoria zum Geschenk. Lange Zeit wurde es in den Gemächern des Dogen aufbewahrt, doch heute befindet es sich an einem öffentlich zugänglichen Ort gegenüber dem Sitzungssaal des Zehnerrats, wo es oberhalb der Tür im goldenen Salon hängt und von jedermann gesehen werden kann. Auch schuf er fast zur selben Zeit für die Bruderschaft von Santa Maria della Carità die auf den Stufen zum Tempel emporsteigende Madonna mit allerhand nach dem Leben gemalten Porträtköpfen.[82] Ebenso schuf er in der Bruderschaft von San Fantin einen büßenden Heiligen Hieronymus in einer kleinen Tafel, die von den Künstlern großes Lob erhielt, dann aber mitsamt der ganzen Kirche vor zwei Jahren bei einem Brand vernichtet wurde.[83] Man sagt, daß Tizian im Jahr 1530, als Kaiser Karl V.[84] in Bologna weilte,[85] von Kardinal Ippolito de' Medici[86] und dank der Vermittlung von Pietro Aretino dorthin bestellt wurde und ein wunderschönes Porträt von Seiner Majestät in voller Rüstung schuf, das diesem so gut gefiel, daß er Tizian dafür tausend Scudi gab.[87] Die Hälfte davon mußte er allerdings an den Bildhauer Alfonso Lombardi[88] ab-

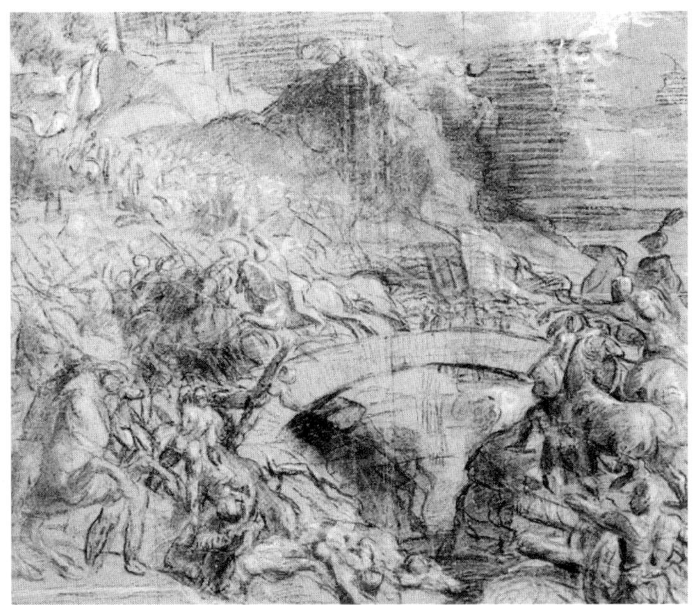

Die Schlacht von Spoleto. Paris, Musée du Louvre, Cabinet des Dessins

geben, der ein Modell für ein Marmorbildnis [des Kaisers] gefertigt hatte, wie in seiner Vita berichtet wurde.[89]

Nach Venedig zurückgekehrt, stellte Tizian fest, daß viele Edelmänner dazu übergegangen waren, Pordenone ihre Gunst zu bezeugen, indem sie seine Deckengemälde in der Sala dei Pregadi und andernorts sehr lobten und ihm den Auftrag vermittelt hatten, in der Kirche San Giovanni Elemosinario eine kleine Tafel zu malen, die er im Wettstreit zu jener Tizians ausführen sollte, der nur wenig früher am selben Ort besagten Heiligen Johannes Elemosynarius im Bischofsornat gemalt hatte.[90] Doch konnte Pordenone sich trotz der Sorgfalt, die er in diese Tafel legte, weder mit Tizians Werk messen noch entfernt an ihn heranreichen. Tizian schuf dann für die Kirche Santa Maria degl'Angeli auf Murano eine wunderschöne Tafel mit einer Verkündigung.[91] Als ihm seine Auftraggeber aber nicht die von ihm verlangten fünfhundert Scudi für dieses Werk bezahlen wollten, sandte er es auf Anraten Messer Pietro Aretinos als Geschenk an erwähnten Kaiser Karl V., dem es unendlich gefiel und der ihm dafür zweitausend Scudi als Präsent überreichen ließ. Und an dem Ort, wo besagtes Gemälde eigentlich aufgestellt werden sollte, brachte man statt dessen eines von der Hand Pordenones an.[92] Es verging nicht viel Zeit, bis Karl V., mit dem Heer aus Ungarn zurückgekehrt, zu einer Unterredung mit Papst Clemens[93] erneut nach Bologna kam und wieder von Tizian porträtiert werden wollte.[94] Ebenso porträtierte er vor seiner Abreise aus Bologna den erwähnten Kardinal Ippolito de' Medici in ungarischer Tracht und in einem weiteren kleineren Bild denselben in voller Rüstung.[95] Beide Bilder befinden sich heute in der *guardaroba* von Herzog Cosimo.[96] Zu jener Zeit malte er auch das Porträt des Markgrafen von Vasto, Alfonso d'Avalos,[97] und das des erwähnten Pietro Aretino,[98] der ihn damals in den Dienst Federico Gonzagas, des Herzogs von Mantua,[99] vermittelte und ihm dessen Freundschaft sicherte. Und nachdem er diesem in sein Herrschaftsgebiet gefolgt war,[100] porträtierte er ihn in einer Weise, daß er lebendig wirkte,[101] und anschließend seinen Bruder, den Kardinal.[102] Nachdem er damit fertig war, schuf er zur Ausschmückung eines Zimmers, das zwischen den von Giulio Romano[103] ausgestatteten Räumen lag, zwölf sehr schöne Brustporträts der zwölf Cäsaren, unter die besagter Giulio dann jeweils eine Szene ihrer Taten malte.[104]

In seiner Heimat Cadore hat Tizian eine Tafel geschaffen, in der eine Madonna mit dem Heiligen Bischof Tizian und ein Porträt von sich selbst auf Knien gezeigt sind.[105] In demselben Jahr, in dem Papst Paul III.[106] nach Bologna und von dort nach Ferrara gegangen war, schloß sich Tizian dem Hof an und malte ein wunderschönes Porträt des besagten Papstes und davon ein weiteres für den Kardinal Santa Fiore.[107] Beide Bilder, für die er vom Papst sehr gut bezahlt wurde, befinden sich in Rom: das eine in der *guardaroba* von Kardinal Farnese[108] und das andere bei den Erben des erwähnten Kardinals Santa Fiore. Von diesen beiden wurden dann viele Kopien angefertigt, die über ganz Italien verstreut sind. Ebenso porträtierte er fast zur selben Zeit Herzog Francesco Maria von Urbino [siehe Seite 11] – ein wunderbares Werk, für das er von Messer Pietro Aretino mit einem Sonett gewürdigt wurde, das folgendermaßen begann: »Als der berühmte Apelles mit Künstlerhand Antlitz und Büste Alexanders porträtierte.«[109]

In der *guardaroba* desselben Herzogs befinden sich zwei sehr anmutige Frauenköpfe[110] von der Hand Tizians und eine jugendliche Venus, die inmitten von Blumen und einigen sehr schönen, trefflich ausgeführten zarten Tüchern liegt [siehe Seite 139];[111] und ebenso ein außerordentliches Brustbild der Maria Magdalena mit offenen Haaren.[112] Ebenfalls befinden sich dort die Porträts von Karl V.,[113] von König Franz in jungen Jahren,[114] von Herzog Guidobaldo II.,[115] von Papst Sixtus IV.,[116] von Papst Julius II.,[117] von Paul III.,[118] vom alten Kardinal von Lothringen[119] und von dem türkischen Sultan Süleyman;[120] alle diese Bildnisse stammen, wie ich sage, von der Hand Tizians und sind wunderschön. In dieser *guardaroba* befindet sich neben vielen weiteren Werken auch ein Bildnis des Karthagers Hannibal, das in die Vertiefung eines antiken Karneols geschnitten ist,[121] und ebenso ein wunderschöner Marmorkopf von der Hand Donatellos.[122]

Für die Brüder von Santo Spirito in Venedig schuf Tizian 1541 die Tafel für den Hauptaltar, in der er die Ausgießung des Heiligen Geistes über die Apostel darstellte und Gottvater durch das Feuer, den Geist durch die Taube versinnbildlichte. Als diese Tafel nicht lange danach beschädigt wurde und Tizian daraufhin ziemlich unter jenen Brüdern zu leiden hatte, mußte er sie erneuern, und es ist diese, die gegenwärtig über dem Altar angebracht ist.[123] In Brescia schuf er für die Kirche San Nazzaro die in fünf Bilder unterteilte Hauptaltartafel: Im mittleren befindet sich der wiederauferstehende Jesus Christus inmitten einiger Soldaten und auf den seitlichen Bildern der Heilige Nazarius, der Heilige Sebastian, der Erzengel Gabriel und die Jungfrau der Verkündigung.[124] An der Eingangswand des Doms von Verona schuf er eine Tafel von der Aufnahme der Madonna in den Himmel

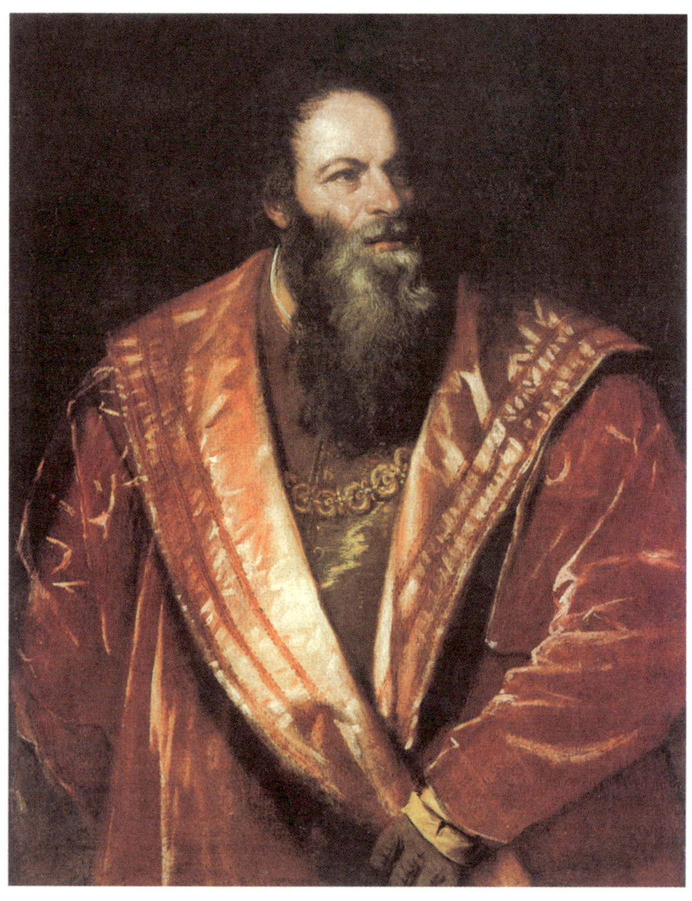

Pietro Aretino. Florenz, Palazzo Pitti, Galleria Palatina

mit einigen Aposteln unten auf der Erde, die man in dieser Stadt für das beste unter den modernen Werken hält.[125] Im Jahr 1541 porträtierte er Don Diego di Mendoza, den damaligen Botschafter von Karl V. in Venedig, in voller Größe und im Stehen,[126] und mit dieser wunderschönen Figur gab Tizian den Anstoß zu den von da ab gebräuchlichen ganzfigurigen Porträts. In derselben

Art und Weise schuf er auch jenes von dem damals noch jungen Kardinal von Trient[127] und ein Porträt von Messer Pietro Aretino für Francesco Marcolini.[128] Doch war dieses keineswegs so schön wie eines, das ebenfalls von der Hand Tizians stammte und das Aretino von sich als Geschenk an Herzog Cosimo de' Medici sandte, dem er auch ein Kopfporträt des Herrn Giovanni de' Medici,[129] Vater des besagten Herzogs, zukommen ließ [siehe links].[130] Dieser Kopf war nach einem Abdruck gemalt worden, den man nach dem Tod dieses Herrn in Mantua von seinem Gesicht genommen hatte und der in Aretinos Besitz war.[131] Beide Bildnisse befinden sich neben vielen weiteren höchst vortrefflichen Gemälden in der *guardaroba* des erwähnten Herzogs.

Im selben Jahr, als Vasari sich gerade für dreizehn Monate in Venedig aufhielt, um dort, wie gesagt, eine Decke für Giovanni Cornaro[132] und einige Werke für die Compagnia della Calza zu gestalten,[133] hatte Sansovino, der die Aufsicht über den Bau von Santo Spirito führte, ihn Entwürfe zu drei großen, für die Decke bestimmten Ölbildern machen lassen, die er in Malerei ausführen sollte. Als jedoch Vasari dann abreiste, wurden besagte drei Bilder Tizian übertragen, der sie aufs Schönste ausführte, weil er große Kunstfertigkeit darauf verwendete, die Figuren in einer *sotto-in-su*-Perspektive zu verkürzen.[134] Das eine stellt Abraham bei der Opferung Isaaks dar, das andere David, der Goliath den Kopf abschlägt, und das dritte Kain, der seinen Bruder Abel tötet. Zur selben Zeit malte Tizian sein Selbstbildnis, um seinen Kindern dieses Andenken von sich zu hinterlassen.[135] Und als er 1546 von Kardinal Farnese nach Rom geholt wurde, traf er dort auf Vasari, der, aus Neapel zurückgekehrt, für besagten Kardinal den Saal in der Cancelleria freskierte. Durch jenen Herrn wurde er Vasari anempfohlen, der ihm gerne Gesellschaft leistete und ihn zur Besichtigung der römischen Werke herumführte.[136] Und nachdem Tizian sich einige Tage in dieser Weise ausgeruht hatte, wurden ihm im Belvedere Gemächer zugewiesen, damit er noch einmal ein Bildnis in ganzer Figur von Papst Paul, von [Kardinal] Farnese und von Herzog Ottavio[137] in Angriff nehme, die er dann aufs beste und zur vollsten Zufriedenheit jener Herren ausführte [siehe Seite 37].[138] Auf ihr Zureden schuf er ein Brustbild Christi in Gestalt des Ecce Homo als Geschenk für den Papst.[139] Aber ob es nun daran lag, daß die Werke Michelangelos, Raffaels, Polidoros [140] und anderer ihn nachlassen ließen oder es einen anderen Grund dafür gab, jedenfalls schien es den Malern, obgleich es eine gute Arbeit war, nicht von der gleichen Vortrefflichkeit zu sein wie viele seiner anderen Gemälde und besonders Porträts.

Eines Tages gingen Michelangelo und Vasari Tizian im Belvedere besuchen und sahen dort in einem Bild, das er damals ausgeführt hatte, eine nackte Frau in der Gestalt von Danae, die in ihrem Schoß den in Goldregen verwandelten Jupiter empfing, und wie man es in Gegenwart des Künstlers tut, lobten sie ihn dafür sehr [siehe Seite 38].[141] Nachdem sie ihn verlassen hatten, sprachen sie über Tizians Arbeitsweise und [Michelangelo] Buonarroti äußerte sich sehr anerkennend über ihn, indem er sagte, ihm würden seine Farbgebung und der Stil sehr gut gefallen, es sei aber schade, daß man in Venedig nicht von Anfang an gut zeichnen lernte und daß jene Maler über keine bessere Methode im Studium verfügten. »Wenn deshalb«, sagte er, »dieser Mann, vor allem bei der Nachahmung des Lebendigen, von der Kunst und dem *disegno* genauso gefördert würde wie von der Natur, könnte man weder Größeres noch Besseres vollbringen, da er über einen herrlichen Geist und einen anmutigen und lebhaften Stil verfügt.« Und tatsächlich verhält es sich genau so, denn wer nicht genügend gezeichnet und ausgewählte antike oder moderne Werke studiert hat, vermag weder allein aus der Übung heraus gut zu arbeiten noch das nach dem Leben Gemalte zu verbessern und ihm dadurch jene Anmut und Perfektion zu verleihen, welche die Kunst unabhängig von der Ordnung der Natur erzeugt, die für gewöhnlich manche Teile nicht schön hervorbringt.

Schließlich brach Tizian mit vielen Geschenken seitens jener Herren von Rom auf, darunter vor allem eine ertragreiche Pfründe für seinen Sohn Pomponio,[142] und machte sich auf den Weg zurück nach Venedig, nachdem sein anderer Sohn Ora-

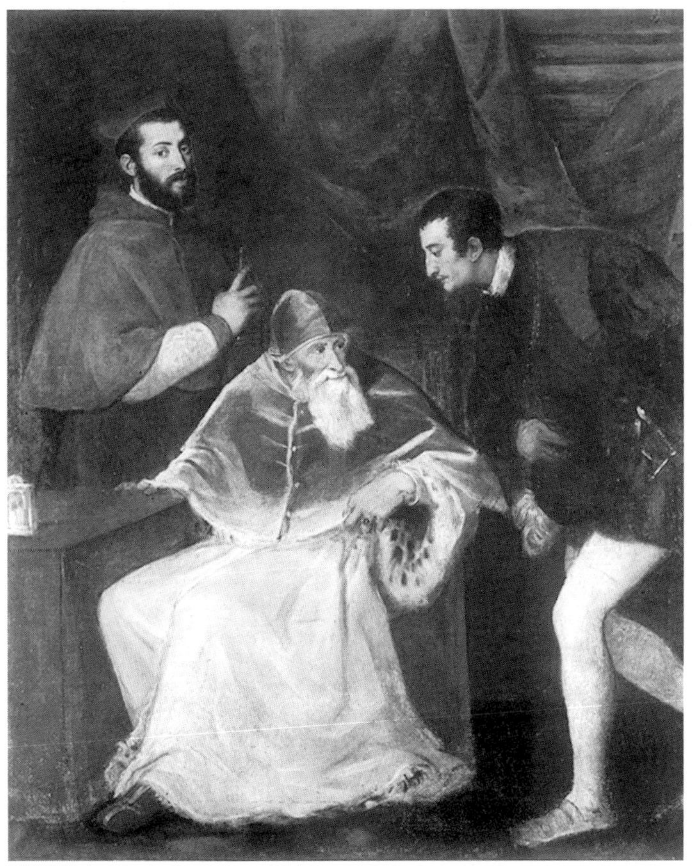

Papst Paul III. mit seinen Nepoten.
Neapel, Museo e Gallerie Nazionali di Capodimonte

zio[143] in einem sehr gut gelungenen Werk den exzellenten Violonenspieler Messer Battista Ceciliano porträtiert[144] und er selbst einige andere Porträts für Herzog Guidobaldo von Urbino ausgeführt hatte. Als er dann in Florenz eintraf und die außerordentlichen Werke dieser Stadt sah, geriet er nicht weniger ins Staunen als über die in Rom. Außerdem stattete er Herzog

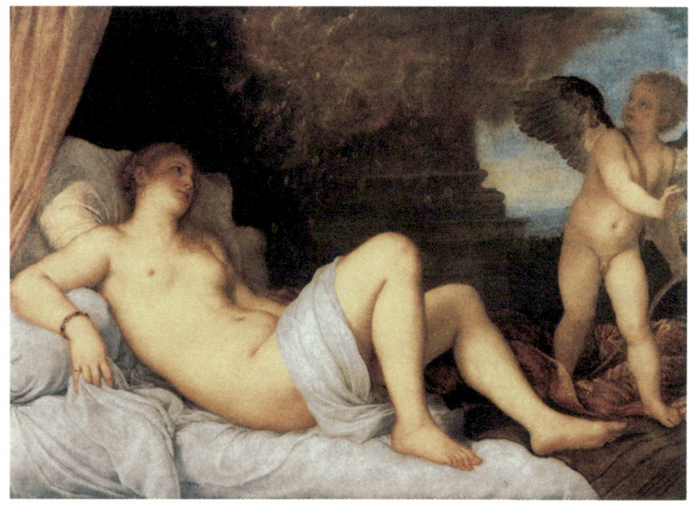

Danae. Neapel, Museo e Gallerie Nazionali di Capodimonte

Cosimo, der in Poggio a Caiano weilte, einen Besuch ab und bot ihm an, sein Porträt zu malen. Seine Exzellenz zeigte aber kein großes Interesse, vielleicht weil er den vielen edlen Künstlern in seiner Stadt und in seinem Herrschaftsgebiet kein Unrecht tun wollte.[145] In Venedig angekommen, vollendete Tizian für den Grafen del Vasto eine, wie sie sie nannten, ›Ansprache‹, die jener Herr seinen Soldaten hielt,[146] und anschließend schuf er für ihn das Porträt von Karl V.,[147] jenes des Katholischen Königs[148] und viele weitere. Nach Abschluß dieser Arbeiten schuf er in der Kirche Santa Maria Nuova in Venedig eine kleine Tafel mit der Verkündigung[149] und führte danach mit der Hilfe seiner Lehrlinge ein Abendmahl im Refektorium von Santi Giovanni e Paolo aus.[150] In der Kirche San Salvador gestaltete er für den Hauptaltar ein Tafelbild mit der Verklärung Christi auf dem Berg Tabor[151] und für einen anderen Altar derselben Kirche die Verkündigung an die Madonna durch den Engel [siehe rechts].[152] Und sieht man in ihnen auch Gutes, so werden diese zuletzt genannten Werke von ihm nicht so sehr geschätzt und besitzen

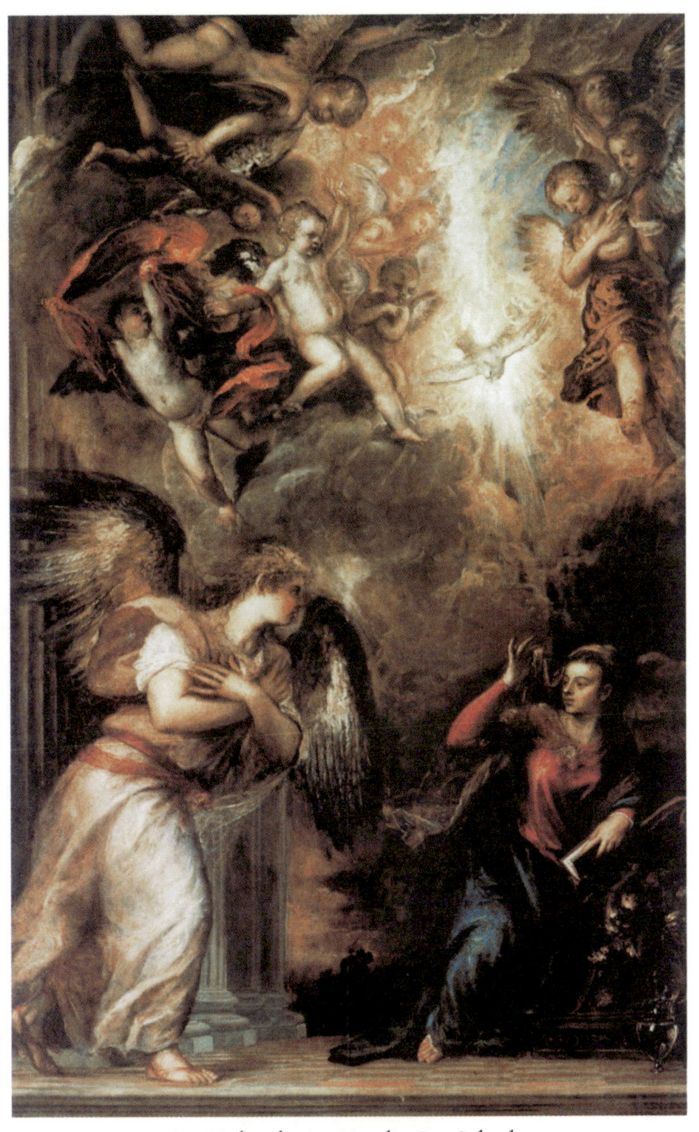

Die Verkündigung. Venedig, San Salvador

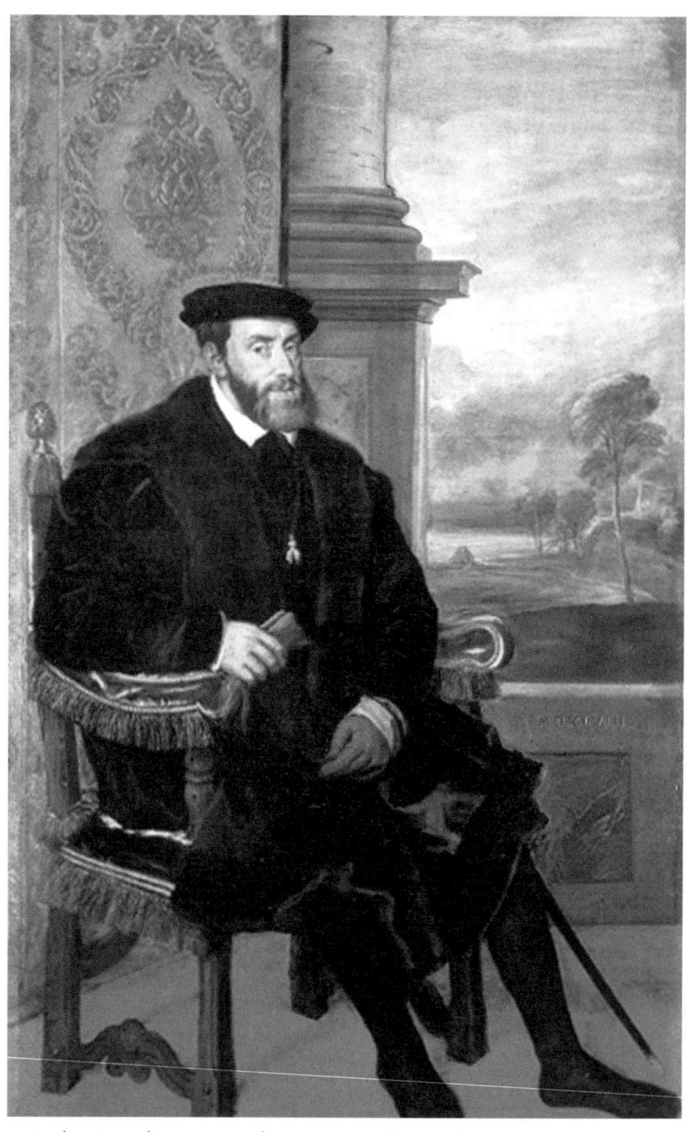

Karl V. München, Bayerische Staatsgemäldesammlungen, Alte Pinakothek

nicht jene Vollendung, die seine anderen Gemälde auszeichnet. Da es aber unendlich viele Werke von Tizian gibt und vor allem Porträts, ist es fast unmöglich, ihrer aller zu gedenken. So werde ich nur von den bedeutendsten sprechen, allerdings ohne die Zeitabfolge zu beachten, da es nicht besonders wichtig ist zu wissen, welches früher und welches später ausgeführt wurde.

Wie schon erwähnt, porträtierte er Karl V. mehrere Male, und wurde zuletzt zu diesem Zweck an den Hof gerufen, wo er ihn so darstellte wie er in diesen seinen annähernd letzten Lebensjahren aussah [siehe links und Seite 18].[153] Und so sehr gefiel diesem unbesiegbaren Kaiser Tizians Arbeitsweise, daß er seit seiner ersten Begegnung mit ihm von keinem anderen Maler mehr porträtiert werden wollte und ihm für jedes Mal, das er ihn malte, tausend Goldscudi zum Geschenk machte. [Außerdem] wurde er von Seiner Majestät zum Ritter geschlagen[154] und bekam auf die Staatskammer von Neapel eine Pension von zweihundert Scudi angewiesen. Als er gleichfalls König Philipp von Spanien und seinen Sohn Karl porträtierte, erhielt er von diesem ein festes Gehalt über weitere zweihundert Scudi.[155] Wenn man also diese vierhundert zu den dreihundert rechnet, die er von den venezianischen Herrschaften für den Fondaco dei Tedeschi erhielt, dann kommt er ohne sich anstrengen zu müssen auf ein festes Einkommen von siebenhundert Scudi jährlich. Tizian schickte die Porträts von König Philipp[156] und Karl V.[157] an Herzog Cosimo, der sie in seiner *guardaroba* aufbewahrt. Er porträtierte den römischen König Ferdinand, der später Kaiser wurde,[158] und alle seine Kinder, sprich den heutigen Kaiser Maximilian[159] und seinen Bruder.[160] Er malte die Königin Maria[161] und für Kaiser Karl den Herzog von Sachsen,[162] als er sich in Gefangenschaft befand. Aber wozu hier Zeit verlieren? Es gab fast keinen namhaften Herrn, keinen Fürsten und keine hochstehende Dame, die von Tizian, der auf diesem Gebiet wirklich ein herausragender Maler ist, nicht porträtiert worden wäre. Er malte das bereits erwähnte Bildnis von König Franz I. von Frankreich[163] und porträtierte den Herzog von Mailand, Francesco Sforza,[164] den Grafen von Pescara,[165] Antonio da

Leyva,[166] Massimiliano Stampa,[167] Herrn Giovanni Battista Castaldo[168] und unzählige andere Herren. Gleichfalls hat er zu verschiedenen Zeiten neben den genannten Werken noch viele andere geschaffen. In Venedig schuf er auf Anordnung von Karl V. in einer großen Altartafel eine thronende Dreifaltigkeit Gottes mit der Madonna, dem Christuskind und der Taube darüber; als Sinnbild der Liebe erscheint der Hintergrund voller Flammen und Gottvater wird von glutroten Cherubim umringt [siehe Seite 2].[169] Auf der einen Seite befindet sich besagter Karl V. und auf der anderen die Kaiserin, beide in Leinengewänder gehüllt und mit zum Gebet gefalteten Händen, um sie herum viele Heilige. All dies malte er auf Anweisung des Kaisers hin, der damals auf dem Höhepunkt seiner Siege die Absicht zu zeigen begann, sich von den weltlichen Dingen zurückzuziehen, wie er es dann auch tat, um besorgt um sein eigenes Seelenheil als wahrer, got-

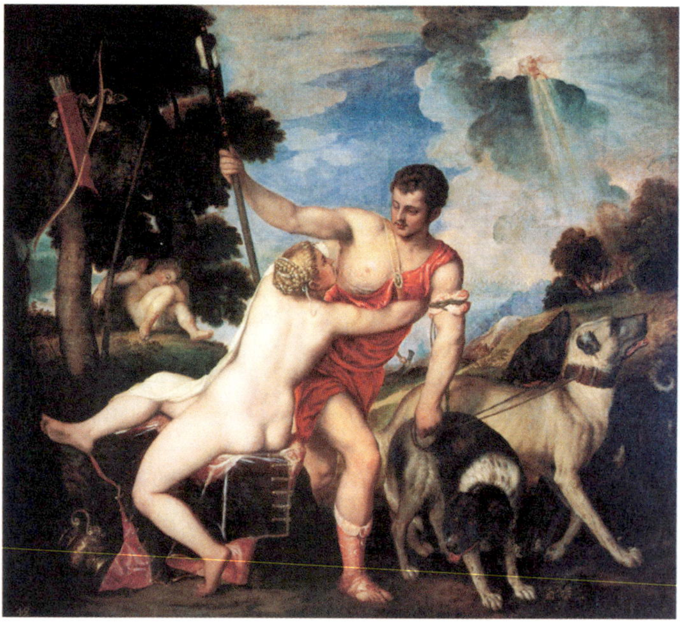

Venus und Adonis. Madrid, Museo Nacional del Prado

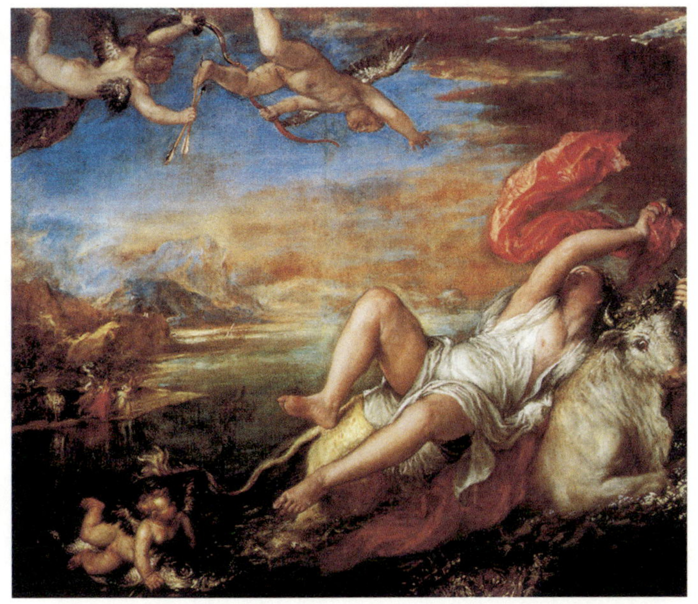

Der Raub der Europa. Boston, Isabella Stewart Gardner Museum

tesfürchtiger Christ zu sterben. Dieses Gemälde wollte der Kaiser, wie er zu Tizian sagte, in jenem Kloster aufstellen, wo sein Lebensweg dann endete; und da es sich um ein ganz außerordentliches Werk handelt, erwartet man, es sehr bald als Druck erscheinen zu sehen.[170] Derselbe schuf für Königin Maria einen Prometheus, der an den Berg Kaukasus gekettet ist und vom Adler des Jupiter zerfleischt wird; außerdem einen felstragenden Sisyphus in der Hölle und den vom Geier zerrissenen Tityus. Alle diese Werke, mit Ausnahme des Prometheus, kamen in den Besitz Seiner Majestät und dazu noch ein Tantalus im selben, sprich lebensgroßen Format in einem in Öl gemalten Leinwandgemälde.[171] Er schuf außerdem eine herrliche Darstellung von Venus und Adonis: Sie ist ohnmächtig und der Jüngling im Begriff, sie zu verlassen, dazu ringsum einige sehr natürliche Hunde [siehe links].[172] In einer Tafel derselben Größe schuf er

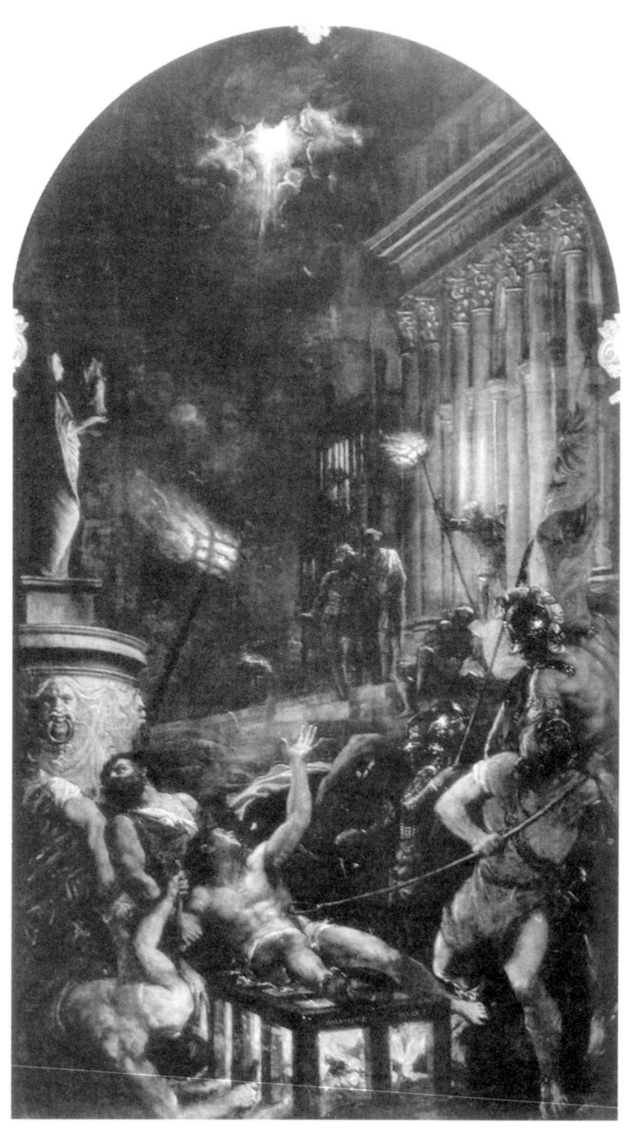

Das Martyrium des Heiligen Laurentius. Venedig, Chiesa dei Gesuiti

die an den Fels gefesselte Andromeda und Perseus, der sie vor dem Meeresungeheuer rettet, und es kann kein anmutigeres Gemälde geben als dieses.[173] Gleiches gilt auch für eine andere Diana, die mit ihren Nymphen in einer Quelle steht und Aktaion in einen Hirsch verwandelt.[174] Außerdem malte er eine Europa, die auf dem Stier das Meer überquert [siehe Seite 43].[175] Diese Gemälde sind dem Katholischen König sehr teuer aufgrund der Lebendigkeit, die Tizian den Figuren mit den Farben verliehen hat, durch die er sie fast lebendig und natürlich erschafft. Es ist aber wohl wahr, daß sich seine Arbeitsweise in diesen zuletzt genannten Werken sehr von der seiner Jugendzeit unterscheidet. Seine ersten sind mit einer gewissen Feinheit und unglaublichen Sorgfalt ausgeführt und sowohl aus der Nähe wie aus der Ferne zu betrachten. Letztere hingegen gestaltete er mit grob hingeworfenen Pinselstrichen und Flecken, so daß man sie von nahem nicht zu betrachten vermag, sie aus der Ferne aber perfekt wirken. Diese Methode hatte zur Folge, daß viele, die sie nachahmen und ihre Fähigkeit darin beweisen wollten, recht plumpe Gemälde geschaffen haben. Der Grund dafür ist folgender: Auch wenn es vielen so scheinen mag, als wären sie ohne Mühe gemacht, so ist dies keineswegs der Fall und sie täuschen sich, weil man erkennt, daß sie überarbeitet worden sind und mit den Farben wieder und wieder über sie gegangen wurde, so daß die Mühe darin sehr wohl zu sehen ist. Auf diese Weise angewandt, handelt es sich um eine wohlüberlegte, schöne und herrliche Methode, welche die Gemälde lebendig und in ihrer Ausführung von großer Kunstfertigkeit erscheinen läßt und dabei die Mühen kaschiert.[176]

Zuletzt hat Tizian in einem drei Ellen hohen und vier Ellen breiten Bild den kleinen Jesus Christus auf dem Schoß der Madonna gemalt, der von den Heiligen Drei Königen angebetet wird, und dazu eine große Zahl von jeweils einer Elle hohen Figuren.[177] Es ist ein sehr anmutiges Werk, was auch für ein anderes Bild gilt, das er selbst nach diesem kopierte und dem älteren Kardinal von Ferrara[178] überließ.[179] Ein weiteres sehr schönes Tafelbild, in dem er die Verspottung Christi durch die

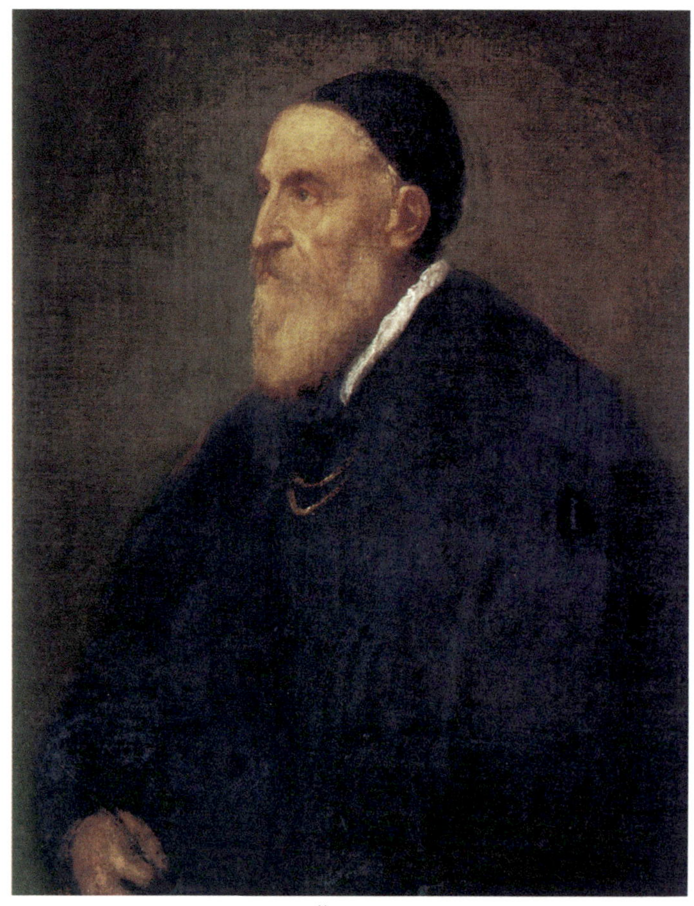

Selbstporträt.
Madrid, Museo Nacional del Prado

Juden darstellte, wurde in Mailand in der Kirche Santa Maria delle Grazie in einer Kapelle angebracht.[180]

Für die Königin von Portugal[181] schuf er ein sehr schönes Bild, in dem der fast lebensgroße Christus von den Juden an der Säule gegeißelt wird.[182] In Ancona schuf er für den Hauptaltar

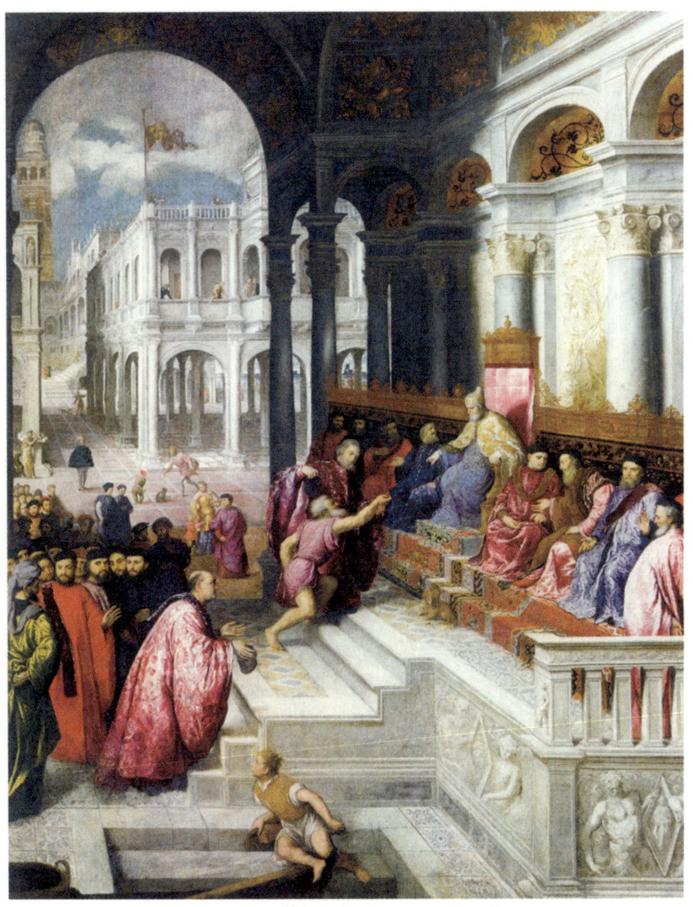

Paris Bordone: Die Übergabe des Ringes an den Dogen. Venedig, Gallerie dell'Accademia

von San Domenico eine Tafel mit Christus am Kreuz und zu dessen Füßen die Madonna und die Heiligen Johannes und Dominikus, alle wunderschön und in jenem späten fleckigen Stil ausgeführt, der eben beschrieben wurde [siehe Seite 14].[183] Von der Hand desselben befindet sich in der Kirche Santa Maria de'

Crociferi in Venedig auf dem Altar des Heiligen Laurentius die Tafel mit dem Martyrium dieses Heiligen: Darin sieht man ein Gebäude voller Figuren und den in Verkürzung gemalten Heiligen Laurentius, der zur Hälfte auf dem Rost ausgestreckt ist, unter dem ein paar Gestalten ein großes Feuer entzünden [siehe Seite 44].[184] Und weil er eine Nachtszene vorgetäuscht hat, tragen zwei Diener Fackeln in den Händen, die jene Winkel ausleuchten, wo der Widerschein des starken, wild lodernden Feuers unter dem Rost nicht hingelangt. Außerdem läßt er einen Blitz vom Himmel fahren, der die Wolken zerteilt und das Licht des Feuers und der Fackeln noch überstrahlt, weil er sich über dem Heiligen und den anderen Hauptfiguren befindet. Neben diesen drei genannten Lichtquellen werden auch die Leute im Hintergrund in den Fenstern des Gebäudes vom Lichtschein der Laternen und Kerzen in ihrer Nähe angeleuchtet. Kurz gesagt, das Ganze ist mit schöner Kunstfertigkeit, mit Geist und Urteilskraft umgesetzt.

In der Kirche San Sebastiano befindet sich am Altar des Heiligen Nikolaus eine kleine, ebenfalls von Tizian ausgeführte Tafel mit einem Heiligen Nikolaus, der lebendig wirkt, auf einem Stuhl aus vorgetäuschtem Stein sitzend und begleitet von einem Engel, der seine Bischofsmütze hält.[185] Dieses Werk schuf er im Auftrag von Messer Niccolò Crasso, einem Anwalt. Anschließend gestaltete Tizian ein Bild, das dem Katholischen König geschickt werden sollte, mit einer von der Mitte des Oberschenkels aufwärts gezeigten Figur der Heiligen Maria Magdalena mit losem Haar, das über die Schultern, den Hals und über die Brust fällt, während sie mit erhobenem Kopf den Blick fest gen Himmel richtet und in den geröteten Augen ihre Reue und mit Tränen den Kummer über ihre Sünden offenbart. Und so rührt dieses Gemälde jeden, der es betrachtet, in tiefster Weise an, und was noch mehr gilt: Obwohl von höchster Schönheit, ruft sie nicht Lüsternheit, sondern Mitleid hervor. Als dieses Bild vollendet war, gefiel es dem venezianischen Edelmann Silvio ...[186] so sehr, daß er als ein großer Liebhaber der Malerei Tizian hundert Scudi gab, um es in seinen Besitz zu bringen.[187]

Aus diesem Grund war Tizian gezwungen, noch ein weiteres anzufertigen, das besagtem Katholischen König zugesandt werden konnte und nicht weniger schön gelang.[188]

Naturgetreue Porträts Tizians sieht man auch von einem ihm sehr befreundeten venezianischen Bürger namens Sinistri[189] und von einem anderen mit Namen Messer Paolo da Ponte,[190] für den er auch seine Tochter porträtierte – die sehr schöne junge Frau Giulia da Ponte –, eine nahestehende Freundin eben jenes Tizian.[191] Gleichfalls malte er Signora Irene, eine Jungfrau von wunderschöner Gestalt, gebildet, musikalisch und geschult im Zeichnen, die, als sie vor ungefähr sieben Jahren starb, von den Federn fast aller Schriftsteller Italiens gefeiert wurde.[192] Er porträtierte Messer Francesco Filetto, einen Redner seligen Andenkens, und im selben Bild vor ihm seinen Sohn, der ganz lebendig wirkt.[193] Dieses Bildnis befindet sich im Haus von Messer Matteo Giustiniani, einem Liebhaber dieser Künste, der sich von dem Maler Jacopo da Bassano[194] ein sehr schönes Bild hatte malen lassen, was auch für viele andere Werke jenes Bassano gilt, die in Venedig verstreut sind und vor allem wegen der kleinteiligen Darstellungen und allen Arten von Tieren sehr geschätzt werden.

Tizian porträtierte Bembo ein zweites Mal,[195] und zwar nachdem dieser zum Kardinal ernannt worden war, außerdem Fracastoro[196] und Kardinal Accolti von Ravenna,[197] ein Bild, das Herzog Cosimo in seiner *guardaroba* aufbewahrt. Außerdem hat unser Bildhauer Danese[198] in seinem Haus in Venedig ein Porträt Tizians von einem Edelmann aus der Familie Dolfin.[199] Von seiner Hand gemalt sieht man Messer Nicolò Zen,[200] la Rossa,[201] die Frau des Großsultans im Alter von sechzehn Jahren und ihre Tochter Cameria,[202] beide mit herrlichen Gewändern und Frisuren. Im Haus von Messer Francesco Assonica, einem Anwalt und nahestehendem Freund Tizians, findet sich das von diesem gemalte Porträt jenes Herrn Francesco[203] und auch noch ein ziemlich großes Bild mit der Madonna auf dem Weg nach Ägypten.[204] Sie scheint darin von dem Esel abgestiegen zu sein, um sich auf einem Stein am Wegesrand niederzulassen, und bei ihr sind der Heilige Josef und der Heilige Johannesknabe. Dieser reicht dem Christuskind ein paar Blumen, die ein Engel von den Zweigen eines Baumes gepflückt hat, der inmitten eines Waldes voller Tiere steht, während man dahinter in der Ferne den grasenden Esel sieht. Heute befindet sich dieses unendlich anmutige Gemälde in Padua, wo es von erwähntem Edelmann in seinem bei Santa Giustina errichteten Palast angebracht worden ist. Im Haus eines Edelmannes aus der Familie Pisani nahe bei San Marco befindet sich das Porträt einer Edeldame von der Hand Tizians, das ganz wunderbar ist.[205] Für Monsignor Giovanni della Casa[206] aus Florenz, ein in unseren Tagen für seine edle Herkunft und Bildung berühmter Mann, malte er ein wunderschönes Porträt einer vornehmen Dame,[207] die jener Herr während seines Aufenthalts in Venedig geliebt hatte. Dies trug ihm die Ehre ein, von diesem mit jenem herrlichen Sonett bedacht zu werden, das folgendermaßen beginnt: »Wohl sehe ich, Tizian, auf neuartige Weise mein Idol, das die schönen Augen öffnet und bewegt«, und so weiter.[208] Vor kurzem sandte dieser vortreffliche Maler besagtem Katholischen König ein Abendmahl Christi mit den Aposteln, gemalt in einem sieben Ellen breiten Bild von außerordentlicher Schönheit.[209] Neben den erwähnten Werken und vielen anderen von geringerem Wert, die dieser Mann geschaffen hat und die wir der Kürze halber auslassen, befinden sich in seinem Haus die folgenden skizzierten und begonnenen Werke: Ein dem oben erwähnten ähnliches Martyrium des Heiligen Laurentius, das er dem Katholischen König zu schicken plant;[210] ein großes Leinwandbild mit Christus am Kreuz, dazu die Schächer und darunter jene, die ihn ans Kreuz schlagen, das er für Messer Giovanni d'Anna ausführt;[211] außerdem ein Bild, das er für den Dogen Grimani, den Vater des Patriarchen von Aquilea begonnen hat;[212] und für den Saal des großen Palasts von Brescia hat er drei Bilder in Angriff genommen, die in die Deckenornamente eingelassen werden sollen, wie es schon erwähnt wurde, als von den Brescianer Malern Cristofano und seinem Bruder die Rede war.[213] Vor vielen Jahren hat er zudem für Herzog Alfonso I. von Ferrara ein Bild begonnen, in dem eine junge nackte Frau sich vor Minerva verneigt, daneben eine weitere Gestalt und in der Ferne ein Meer, in dessen Mitte sich Neptun auf seinem Wagen befindet.[214] Doch der Tod jenes Herrn, für den dieses Werk nach seinem Einfall geschaffen wurde, war der Grund, daß es nicht vollendet wurde und bei Tizian verblieb. Ebenfalls recht weit vorangebracht, aber noch nicht fertiggestellt hat er ein Bild, in dem Christus in Gestalt eines Gärtners Maria Magdalena im Garten erscheint, mit Figuren von natürlicher Größe;[215] zudem ein weiteres Bild von ähnlichem Format, in dem der tote Christus im Beisein der Madonna und der anderen Marien ins Grab gelegt wird.[216] Dazu kommt noch ein Madonnenbild,[217] das zu den guten Werken in diesem Haus zählt und, wie schon gesagt, sein Selbstporträt,[218] das er vor vier Jahren fertiggestellt hat und das sehr schön und natürlich gelungen ist [siehe S. 46]. Schließlich ein Heiliger Paulus in Halbfigur beim Lesen, der selbst ganz vom Heiligen Geist erfüllt scheint.[219] Alle diese Werke, sage ich, hat er mit vielen anderen, von denen ich schweige, um nicht zu langweilen, bis zu seinem Alter von ungefähr sechsundsiebzig Jahren ausgeführt. Wie kein anderer seinesgleichen war Tizian kerngesund und vom Schicksal begünstigt und nie bescherte ihm der Himmel etwas anderes als Wohlwollen und Glück. In seinem Haus in Venedig verkehrten unzählige Fürsten, Gelehrte und Edelmänner, die zu seiner Zeit nach Venedig kamen oder dort wohnten, weil er neben seiner Vortrefflichkeit in der Kunst auch noch ungemein freundlich, höflich und mit feinsten Umgangsformen und Manieren ausgestattet war. Er besaß in Venedig ein paar Konkurrenten, doch taugten sie nicht viel, weshalb er sie dank seiner Vortrefflichkeit in der Kunst mit Leichtigkeit überwand und es außerdem verstand, sich unter den Edelleuten zu bewegen und ihre Gunst zu erlangen. Er hat sehr viel verdient, da er für seine Werke ausgesprochen gut bezahlt wurde. Und doch hätte er gut daran getan, in diesen seinen letzten Jahren nur noch zum Zeitvertreib zu arbeiten, um nicht mit weniger guten Werken den guten Ruf zu schmälern, den er sich in seinen besten Jahren erworben hatte, als er noch nicht durch den natürlichen körperlichen Verfall zum Unvollkommenen neigte.[220]

Als Vasari, Autor der vorliegenden Geschichte, im Jahr 1566 in Venedig weilte, ging er Tizian als einen sehr guten Freund besuchen und fand ihn trotz seines hohen Alters mit den Pinseln in der Hand beim Malen vor, und er hatte großen Gefallen daran, seine Werke zu betrachten und sich mit ihm zu unterhalten. Jener machte ihn mit dem venezianischen Edelmann Messer Gian Maria Verdizotti[221] bekannt, einem Jüngling voller Talent und ein Freund Tizians, der sehr gebührend zeichnete und malte, wie einige sehr schöne, von ihm gezeichnete Landschaften beweisen. Dieser besitzt von Tizian, den er wie einen Vater liebt und achtet, zwei in Öl gemalte Figuren in zwei Nischen, und zwar Apoll und Diana.[222] So verdient es Tizian, der Venedig oder vielmehr ganz Italien und andere Teile der Welt mit ausgezeichneten Gemälden geschmückt hat, von den Künstlern geliebt, geachtet und in vielerlei Hinsicht bewundert und nachgeahmt zu werden, als einer, der Werke geschaffen hat und noch immer schafft, denen unendliches Lob zusteht und die so lange überdauern werden, wie es das Andenken berühmter Menschen nur vermag. Nun ist es so, daß zwar viele bei Tizian in die Lehre gingen, die Zahl derjenigen, die wirklich seine Schüler genannt werden können, jedoch nicht sehr groß ist. Tatsächlich hat er nicht viel unterrichtet, vielmehr lernte ein jeder mehr oder weniger das, was er aus den von Tizian geschaffenen Werken für sich herauszuziehen wußte. Einer von denen, die bei ihm lernten, war ein gewisser Giovanni Fiammingo,[223] der sowohl für kleine als auch große Figuren ein sehr angesehener Meister war und außerdem wunderbare Porträts malte, wie in Neapel zu sehen, wo er einige Zeit gelebt hat und schließlich gestorben ist. Von seiner Hand stammen (und dafür gebührt ihm allzeit Ehre) die anatomischen Zeichnungen, die der hochverehrte Andreas Vesalius stechen ließ und mit seinem Werk veröffentlichte.[224]

Doch mehr als alle anderen ahmte Paris Bordone[225] Tizian nach. Geboren in Treviso als Sohn eines trevisanischen Vaters und einer venezianischen Mutter, brachte man ihn im Alter von acht Jahren nach Venedig in das Haus einiger Verwandter. Nachdem er Grammatik [i.e. Latein] gelernt hatte und ein ausgezeichneter Musiker geworden war, begab er sich zu Tizian in die Lehre. Er blieb jedoch nicht viele Jahre dort, denn er erkannte, daß dieser Mann nicht sehr darauf bedacht war, seine Lehrlinge zu unterrichten, obwohl sie ihn inständig und geduldig um eine bessere Behandlung baten. Er entschloß sich also fortzugehen und bedauerte unendlich, daß Giorgione jener Tage verstorben war, dessen Stil ihm außerordentlich gefiel und der vor allem im Ruf stand, mit Hingabe gut und gerne weiterzugeben, was er selbst wußte. Da es jedoch nicht anders ging, nahm Paris sich vor, Giorgiones Stil unbedingt nachfolgen zu wollen. Also begann er, nach Werken von ihm zu arbeiten und sie zu kopieren, und machte sich dabei so gut, daß er einen ausgezeichneten Ruf erwarb und man ihm im Alter von achtzehn Jahren die Ausführung einer Tafel für die Minoriten-Kirche San Niccolò übertrug. Als Tizian davon hörte, setzte er alle Mittel und Beziehungen ein, damit sie ihm entzogen wurde – entweder um ihn an einer so frühen Demonstration seines Könnens zu hindern oder aber getrieben von der Aussicht auf Verdienst. Anschließend rief man Paris nach Vicenza, damit er in der Loggia auf dem Hauptplatz, wo man zu Gericht sitzt, neben der bereits von Tizian gemalten Szene mit dem Urteil Salomons eine weitere in Fresko ausführen würde. Paris kam sehr gerne und schuf dort eine Szene mit Noah und seinen Söhnen, die man hinsichtlich Sorgfalt und Entwurf für gelungen hielt und für nicht weniger schön befand als jene Tizians, während jene, die die wahren Umstände nicht kennen, beide von derselben Hand gemalt glauben.[226] Zurück in Venedig, schuf Paris am Fuß der Rialtobrücke ein paar nackte Figuren in Fresko,[227] und nach dieser Probe übertrug man ihm die Bemalung einiger Häuserfassaden in Venedig.[228] Dann rief man ihn nach Treviso, wo er ebenfalls einige Fassaden[229] und weitere Arbeiten ausführte, darunter vor allem zahlreiche Porträts, die ungemein gut gefielen: das des prächtigen Messer Alberto Onigo,[230] die von Messer Marco Seravalle,[231] Messer Francesco da Quer[232] und jenes vom Kanonikus Rovere[233] und dem Monsignor Alberti.[234] Im Dom besagter Stadt schuf er auf Ansuchen des Herrn Vikars in der Mitte der Kirche eine Tafel mit der Geburt Jesu Christi und daneben eine Auferstehung.[235] Für den Cavaliere Rovere[236] malte er eine Tafel in San Francesco,[237] eine weitere in San Girolamo[238] und noch eine in Ognissanti,[239] mit ganz unterschiedlichen Köpfen für die weiblichen und männlichen Heiligenfiguren, die in ihren Haltungen und Gewändern allesamt schön und mannigfaltig sind. Eine weitere Tafel schuf er in San Lorenzo,[240] und in San Paolo gestaltete er drei Kapellen aus: In der größten malte er den auferstehenden Christus in Lebensgröße in Begleitung einer großen Engelsschar;[241] in der anderen malte er einige Heilige inmitten einer Vielzahl von Engeln[242] und in der dritten Jesus Christus auf einer Wolke, daneben die Madonna, die ihm den Heiligen Dominikus präsentiert.[243] Alle diese Werke machten ihn als einen tüchtigen Künstler bekannt, der seiner Stadt sehr zugetan war. Er führte dann in Venedig, wo er fast immer gewohnt hat, zu verschiedenen Zeiten viele Werke aus. Das schönste und bemerkenswerteste aber, das von allen Werken, die Paris je geschaffen hat, die größte Anerkennung verdient, war eine Szene in der Scuola von San Marco bei Santi Giovanni e Paolo, in der dargestellt ist, wie jener Fischer der Signoria von Venedig den Ring des Heiligen Markus vorweist [siehe Seite 47].[244] Darin ist ein wunderschönes Gebäude in Perspektive gezeigt, in dem der Senat und der Doge Platz genommen haben, und unter den Senatoren sieht man viele nach dem Leben gemalte Porträts, die überaus lebendig und gut ausgeführt sind. Die Schönheit dieses so trefflich in Fresko gearbeiteten Werks gab Anlaß, daß er von vielen Edelleuten Aufträge erhielt. So schuf er in dem großen Haus der Foscari nahe San Barnaba viele Gemälde und Bilder, darunter einen Christus beim Abstieg in den Limbus, aus dem er die Heiligen Stammväter holt – ein Werk, das man für einzigartig hielt.[245] In der Kirche San Giobbe in Cannareggio schuf er ein wunderschönes Tafelbild[246] und ein weiteres in San Giovanni in Bragora;[247] dasselbe tat er in Santa Maria della Celestia[248] und in Santa Marina.[249] Paris erkannte aber, daß einer, der in Venedig Aufträge bekommen will, sich viel zu sehr andienen muß, indem er diesen und jenen hofiert. Und so entschied er sich als ein

Mann von ruhiger Wesensart, dem gewisse Handlungsweisen fernlagen, bei jeder sich bietenden Gelegenheit in der Fremde Werke auszuführen, die das Schicksal ihm zuteilen würde, ohne daß er betteln zu gehen brauchte. Im Jahr 1538 bot sich ihm die gute Gelegenheit, nach Frankreich in den Dienst von König Franz zu gehen,[250] wo er viele Porträts von Damen und noch andere Bilder zu unterschiedlichen Themen für ihn schuf.[251] Zur selben Zeit malte er für Monsignor de Guise[252] ein sehr schönes Kirchenbild[253] und ein Kammerbild mit Venus und Cupido[254]. Für Kardinal de Lorraine[255] schuf er ein Ecce Homo,[256] einen Jupiter mit Io[257] und noch viele andere Werke. An den König von Polen[258] sandte er ein Bild, das als wunderschön galt und in dem Jupiter mit einer Nymphe dargestellt war.[259] Nach Flandern schickte er zwei andere sehr schöne Bilder: eine Heilige Maria Magdalena in der Einöde, begleitet von einigen Engeln, und eine Diana, die mit ihren Nymphen in einer Quelle badet.[260] Diese beiden Gemälde ließ ihn der Mailänder Candiano, Arzt der Königin Maria,[261] ausführen, um sie Seiner Hoheit zum Geschenk zu machen. Für den Palast der Familie Fugger[262] in Augsburg schuf er viele Werke von höchster Bedeutung für einen Gegenwert von dreitausend Scudi.[263] In derselben Stadt gestaltete er für die Priner, die sehr bedeutende Persönlichkeiten dieses Ortes waren, ein überaus großes und sehr schönes Bild, in dem er alle fünf architektonischen Ordnungen perspektivisch wiedergab,[264] und ein weiteres Kammergemälde, das sich im Besitz des Kardinals von Augsburg[265] befindet.[266] In Crema hat er für Sant'Agostino zwei Tafeln geschaffen, wobei in der einen Herr Giulio Manfron als Heiliger Georg in Rüstung porträtiert ist.[267] Viele Werke hat er auch in Civitale di Belluno ausgeführt, die gelobt werden, besonders die Tafel in Santa Maria[268] und eine andere in San Giuseppe,[269] die wunderschön sind. Herrn Ottaviano Grimaldi[270] sandte er sein lebensgroßes, wunderschönes Porträt nach Genua[271] und dazu noch ein weiteres ähnliches Bild von einer sehr verführerischen Frau.[272]

Dann ging Paris nach Mailand und schuf in der Kirche San Celso eine Tafel mit einigen Figuren in den Lüften und darunter eine herrliche Landschaft, wie man sagt auf Ansuchen des Herrn Carlo da Rhò,[273] und außerdem für dessen Palast zwei große Ölgemälde: in dem einen Venus und Mars im Netz des Vulkan[274] und in dem anderen König David, der beobachtet, wie Bathseba von ihren Dienerinnen in der Quelle gebadet wird.[275] Anschließend schuf er das Porträt jenes Herrn,[276] dasjenige seiner Gattin Frau Paola Visconti[277] und ein paar nicht sehr große, aber wunderschöne Landschaftsdarstellungen.[278] Zur selben Zeit malte er für den Grafen von Astorga eine große Zahl der Fabeln Ovids,[279] die jener mit nach Spanien nahm, und für Herrn Tommaso Marino[280] malte er ebenfalls viele Bilder,[281] die nicht weiter erwähnt werden müssen. Und dies soll zu Paris genügen, der nunmehr im Alter von fünfundsiebzig Jahren behaglich und in Ruhe in seinem Haus lebt und nur zum Vergnügen auf Anfrage einiger Fürsten und mancher seiner Freunde arbeitet. Auf diese Weise entzieht er sich dem Wettstreit und gewissen trügerischen Ambitionen, um Kränkungen zu entgehen und in seiner tiefen Ruhe und seinem Frieden nicht von denen gestört zu werden, die (wie er sagt) nicht den Weg der Wahrheit eingeschlagen haben, sondern böse und völlig unbarmherzig ein doppeltes Spiel treiben, während er an ein einfaches, unverdorbenes Leben gewöhnt ist und weder kleinlich noch verschlagen zu sein vermag.[282] Letzthin hat er für die Herzogin von Savoyen[283] ein wunderschönes Bild ausgeführt, darin die im Schlaf versunkenen Venus und Cupido, über die ein Diener wacht und die so gut gemacht sind, daß sie gar nicht genug gelobt werden können.[284]

Hier soll aber nicht verschwiegen werden, daß jene Art der Malerei, die andernorts fast überall aufgegeben wurde, in Venedig kraft des erlauchten Senats lebendig gehalten wird, es ist hier die Rede vom Mosaik. Denn verdankt wird dies im besten Sinn und fast ausschließlich Tizian, der sich immer nach Kräften dafür eingesetzt hat, daß diese Kunst in Venedig weiterhin ausgeübt wird, und dafür sorgte, daß die, die sie ausführten, angemessene Entlohnung erhielten.[285] So konnten in der Kirche San Marco verschiedene Werke geschaffen und fast alle älteren Datums erneuert werden, wodurch diese Art der Malerei zu einer Meisterschaft geführt wurde, wie sie in dieser Form in Florenz und Rom zur Zeit Giottos,[286] Alesso Baldovinettis,[287] Ghirlandaios und dem Miniaturisten Gherardo niemals erreicht worden war. Alle diese Arbeiten in Venedig sind aus Entwürfen Tizians und anderer vortrefflicher Maler hervorgegangen, die Vorlagen und farbige Kartons dafür ausgeführt haben, damit die Werke zu jener Perfektion gebracht werden konnten, die man im Portikus von San Marco sieht. Dort ist in einer sehr schönen Nische das Urteil Salomons so trefflich dargestellt,[288] daß man es in der Tat mit Farben nicht besser machen könnte. Am selben Ort sieht man den Stammbaum der Madonna[289] von der Hand Lodovico Rossos,[290] voller Sibyllen und Propheten, die in einem zarten Stil geschaffen, gut gefügt und überaus plastisch gestaltet sind. Aber niemand hat diese Kunst in unseren Tagen besser angewandt als Valerio[291] und Vincenzio Zuccato[292] aus Treviso, von deren Hand man in San Marco viele verschiedene Szenen sieht, darunter besonders jene mit der Apokalypse.[293] Darin sind um den Thron Gottes die vier Evangelisten in Form von Tieren dargestellt, dazu die sieben Kandelaber und viele andere Dinge, die so gut ausgeführt sind, daß sie von unten betrachtet wie mit Pinsel und Ölfarben ausgeführt scheinen. In ihren Händen und neben ihnen [den Evangelisten] sieht man darüber hinaus kleine Bildchen voller winziger, ungemein sorgfältig gearbeiteter Figuren, die nicht wie Gemälde wirken, sondern wie Miniaturen und trotz allem aus Steinplättchen zusammengefügt sind. Dort befinden sich auch viele Porträts von Kaiser Karl, seinem Bruder Ferdinand, der ihm in der Reichsführung nachfolgte, und Ferdinands Sohn Maximilian, dem jetzigen Kaiser. Ebenfalls findet sich dort der Kopf des hochverehrten Kardinals Bembo, Glanz unseres Jahrhunderts, und jener des prächtigen …,[294] die mit großer Sorgfalt und [farblicher] Einheit ausgeführt und hinsichtlich der Lichter, der Fleischfarben, Farbtöne, Schatten und anderen Bereiche so gut abgestimmt sind, daß man in diesem Medium weder Besseres noch Schöneres sehen kann. Es ist deshalb wirklich jammerschade, daß diese wegen ihrer Schönheit und Langlebigkeit überragende Kunst des Mosaiks nicht mehr im Brauch ist und seitens der Fürsten, die dazu in der Lage wären, nichts dahingehend unternommen wird.

Außer den erwähnten Künstlern hat in San Marco Bartolomeo Bozza[295] in Konkurrenz zu den Zuccato-Brüdern Mosaiken gestaltet, und auch er hat sich in seinen Werken so gut gehalten, daß er für immer Lob erfahren soll. Ihnen allen von größter Hilfe für ihre Arbeit aber waren die Anwesenheit und die Ratschläge Tizians. Zu dessen Schülern gehörte neben den erwähnten und vielen anderen auch ein gewisser Girolamo,[296] von dem ich keinen anderen Nachnamen als di Tiziano weiß.

Ende der Vita des Malers Tizian aus Cadore.

Anmerkungen

Anmerkungen zur Einleitung

1 Zu Vasaris Tizian-Vita und ihrer Rezeption siehe Rosand 1982, Ketelsen 1990, Puttfarken 1991, Hope 1993, von Rosen 2001b, Bohde 2002, Hope 2003, Hope 2004b, Hope 2008, Romani 2013. Die Tizian-Vita wurde von Vasari erst in die zweite Ausgabe der *Vite* (1568) eingefügt, da er in die erste Edition (1550) mit Ausnahme des gemäß seinem Fortschrittsmodell zum Kulminationspunkt stilisierten Michelangelo nur bereits verstorbene Künstler aufgenommen hatte.

2 Zu Vasaris Vita des Giovanni Bellini siehe Vasari, *Bellini und Mantegna.*

3 Zu Vasaris Bewertung der Gattung Porträt siehe Posselt 2013.

4 Vasari, *Michelangelo*, S. 197.

5 Dies könnte ein Brief Cosimo Bartolis an Vasari vom 15. Dezember 1563 belegen, in dem er mitteilt, daß er eine angefangene Notiz über Tizians »Sachen« schicken werde (Frey 1923–1930, Bd. II, S. 14). Diese hat sich allerdings nicht erhalten, und es ist auch nicht bekannt, ob er sie tatsächlich geschrieben hat.

6 Dolce, Ed. Barocchi; Rhein 2008.

7 Ridolfi 1914/1924 (1648). Zu Marco Boschini siehe Sohm 1991. Zu Carraccis Postille siehe Keazor 2002.

1 Tizian, eigentlich Tiziano Vecellio (* um 1488–1490 Pieve di Cadore – † 1576 Venedig)

2 Man nimmt heute allgemeinhin an, daß Tizian zwischen 1488 und 1490 geboren wurde. Da jedoch bislang keine verläßlichen Dokumente gefunden werden konnten und Tizians eigene Angaben in der erhaltenen Korrespondenz sowie die Berichte der Biographen bisweilen stark auseinandergehen, wird das genaue Geburtsjahr wohl auch weiterhin fraglich bleiben müssen.

3 Die Familie Vecellio ist seit dem 13. Jahrhundert in Pieve di Cadore bezeugt. Tizians Vater Gregorio († um 1530) war Mitglied im Rat der Stadt.

4 Antonio Vecellio war als Notar in Venedig tätig.

5 Giovanni Bellini (* um 1435 Venedig – † 1516 ebenda). Die Ausbildung bei Giovanni Bellini ist gewissermaßen ein Topos, den Vasari für die Beschreibung der Lehrzeit einiger venezianischer oder in Venedig arbeitender Künstler einsetzt. Bei Bellini lernte laut Vasari nicht nur Tizian, sondern auch Sebastiano del Piombo. Bellini wird auf diese Weise gleichsam zum Stammvater der jüngeren Generation venezianischer Künstler ernannt. Dieser Topos wird von Vasari erweitert, indem er berichtet, daß sowohl Sebastiano del Piombo als auch Tizian ihre Lehrzeit bei Giorgione fortsetzten oder sich von dessen Werken beeinflussen ließen. Lodovico Dolce zufolge war Tizian vor seiner Zeit bei Giovanni Bellini zunächst in der Werkstatt von Sebastiano Zuccato und später bei Gentile Bellini, Giovannis Bruder. Es haben sich allerdings keinerlei Dokumente erhalten, die eine Lehrzeit bei diesen Meistern bezeugen könnten.

6 Die »maniera secca, cruda e stentata« charakterisiert vor allem die Werke, die in der *seconda età* entstanden sind, jene ›zweite Epoche‹ im dreistufigen Fortschrittsmodell, welches Vasari den *Vite* zugrunde legte. Sie konnte erst von jenen Künstlern überwunden werden, die Vasari der *terza età* zuordnet.

7 Giorgione (* 1477 oder 1478 Castelfranco Veneto – † vor dem 25. Oktober 1510 Venedig)

8 (Jacopo oder Giacomo) Palma (il) Vecchio (* 1479–1480? Serina bei Bergamo – † 1528 Venedig)

9 Eigentlich Giovanni Antonio de Sacchis, genannt Pordenone (* um 1483–1484 Pordenone – † 1539 Ferrara)

10 Vasari wertet hier die venezianische Praxis der Farbgebung explizit als Täuschung des Betrachters, denn mit ihr würden die Künstler Venedigs nur ihre mangelnden Kenntnisse im Zeichnen verstecken. Dieser Gedanke einer täuschenden Farbe, die wie Tünche oder Schminke über

etwas gelegt wird, um es zu verhüllen, findet sich bereits in der Antike. So wird in Quintilians *De institutione oratoria* die Farbe zu einem Anstrich, mit der der Rhetor die Wahrheit überziehe, um die schlechtere Seite besser erscheinen zu lassen (XII, 1, 33; IV, 2, 88), und auch in Platons Dialogen taucht zuweilen die Vorstellung einer trügerischen Farbe auf, die das Wesentliche verhülle (*Gorgias*, 465b, *Phaidros*, 239c–d, *Politeia*, X, 602c).

Im Zusammenhang mit Vasaris Vorwurf, den venezianischen Künstlern mangele es an *disegno*, ist eine Passage in der Vita von Cristofano Gherardi von Bedeutung, in der dieser Vasari davon abrät, allzu lange in Venedig zu bleiben, da man in dieser Stadt die Zeichnung nicht achte und die dortigen Künstler sich darin auch nicht üben würden. Besser sei es nach Rom, der wahren Schule der Kunst, zurückzukehren (*Vita di Cristofano Gherardi detto Doceno dal Borgo San Sepolcro 1568*, in: Bettarini/Barocchi, *Vite*, Bd. V, S. 292–293).

[11] Noch heute ist man sich bisweilen uneinig über die Zuschreibung einiger Werke an Tizian oder an Giorgione. Viele Zuschreibungen basieren noch immer vorwiegend auf Vasaris Viten von Giorgione und Tizian, ungeachtet ihrer jeweiligen Intentionen. Auch die Frage, ob Tizian Schüler des nahezu gleichaltrigen Giorgione oder vielmehr sein Mitarbeiter war, konnte noch nicht geklärt werden. In diesem Zusammenhang ist Marcantonio Michiels Bericht von Bedeutung, dem zufolge Tizian an der Ausführung von Giorgiones *Venus* (Öl auf Leinwand, 108 x 175 cm, um 1510, Dresden, Staatliche Kunstsammlungen, Gemäldegalerie Alte Meister) mitgewirkt habe. Der venezianische Patrizier Michiel hatte in einer Reihe von Aufzeichnungen über venezianische Sammlungen, die er zwischen 1525 und 1543 kompiliert hatte, geschrieben, daß die Landschaft im Hintergrund und der Cupido von Tizian vollendet wurden (Frimmel 1888, S. 88). Es ist daher vermutet worden, daß die Venus nach Giorgiones Tod unvollendet geblieben war. Gerade die frühen Werke zeigen, wie sehr Tizians künstlerische Entwicklung in ihren Anfängen von Giorgione beeinflußt worden ist.

Bibl.: Pignatti 1978, S. 29–41; Joannides 2001, S. 19–33; Hope 2004a, S. 41–55.

[12] Es könnte sich hier um Gerolamo Barbarigo handeln, der ein Mitglied der bedeutenden venezianischen Familie war.

Bibl.: Mazzotta 2012.

[13] Das Bildnis eines Edelmannes aus der Familie Barbarigo ist mehrfach mit dem *Porträt eines Mannes mit blauem Ärmel* (Öl auf Leinwand, 81,2 x 66,3 cm, um 1510, London, National Gallery) identifiziert worden, welches – nach dem Vergleich mit gesicherten Porträts – nicht mehr als

Bildnis des Dichters Ludovico Ariosto gilt. Gegen eine Identifizierung mit dem Londoner Porträt spricht allerdings die fehlende Übereinstimmung mit Vasaris Beschreibung, da sich unter anderem die in der Vita erwähnte Signatur Tizians nicht auf dem verschatteten Grund, sondern auf der fingierten Brüstung im Vordergrund des Gemäldes befindet.

Das *Porträt eines Mannes mit blauem Ärmel* ist auch als frühes Selbstbildnis Tizians gedeutet worden, mit dem er sein malerisches Können unter Beweis zu stellen suchte. Tizian habe durch die detailgetreue Darstellung des voluminösen blauen Ärmels auf die verschiedenen Anekdoten in Plinius' *Naturalis historia* angespielt, in denen die Meisterschaft einiger großer Maler der Antike in der illusionistischen Darstellung der Dinge beschrieben wird.

Auch die Identifizierung des von Vasari erwähnten Porträts mit einem Gemälde in Alnwick Castle ist umstritten (*Porträt eines Mannes*, Öl auf Leinwand, 82 x 65 cm, um 1508–1510, Collection of the Duke of Northumberland).

Bibl.: Wethey 1969–1975, Bd. II, Kat.-Nr. 40, S. 103–104; Hope 1980b, S. 30; Kat. Titian 2003, Kat.-Nr. 5, S. 82–83 (Nicholas Penny); Mazzotta 2012.

14 Nachdem der Vorgängerbau des Fondaco dei Tedeschi in der Nacht vom 27. auf den 28. Januar 1505 niedergebrannt war, beschloß der venezianische Senat unmittelbar darauf die Errichtung eines Neubaus, der als eine Vierflügelanlage um einen Innenhof herum konzipiert war und 1508 fertiggestellt wurde. Der neue Fondaco dei Tedeschi diente, wie bereits sein Vorgängerbau, den aus Deutschland und den anderen nordeuropäischen Ländern kommenden Kaufleuten als einziger Ort in der Stadt, an dem sie ihren Geschäften nachgehen konnten, wodurch die Regierung Venedigs die Möglichkeit erhielt, den Nordeuropa-Handel gleichermaßen zu fördern und zu überwachen. Wahrscheinlich wurde Tizian 1508 unabhängig von Giorgione, der unter anderem die Hauptfassade des Fondaco zum Canal Grande freskierte, damit beauftragt, die Seitenfassade auf der Südseite des Gebäudes zu gestalten. Da es sich um einen bedeutenden öffentlichen Auftrag handelte, macht dessen Vergabe an Tizian deutlich, daß er bereits 1508 als ein talentierter und angesehener Maler vor allem von Wandmalereien galt. Von den Fresken Tizians haben sich nur wenige Fragmente in einem äußerst schlechten Zustand erhalten: unter anderem *Judith* (oder *Justitia*), *Kampf der Giganten und Ungeheuer*, *Triton und Putto*, *Kampf eines Putto mit einem Ungeheuer*, *Levantiner*, *Orientale*, *Wappen* (abgenommene Fresken, verschiedene Maße, Venedig, Ca'd'Oro, Galleria Franchetti). Darüber hinaus geben Antonio Maria Zanettis Stiche nach Giorgione und Tizian einen Eindruck von

dem Aussehen der Fresken im 18. Jahrhundert (*Varie pitture a fresco dei principali maestri veneziani*, Venedig 1760). Zu diesem Zeitpunkt waren die Fresken allerdings bereits stark zerstört.

Es ist mehrfach versucht worden, anhand der erhaltenen Fragmente sowie der schriftlichen und bildlichen Quellen die Fassadendekoration des Fondaco dei Tedeschi zu rekonstruieren und inhaltlich zu deuten. Ob die von Giorgione und Tizian unabhängig voneinander ausgeführten Fresken überhaupt ein kohärentes Programm bilden sollten, ist nicht bekannt und eher unwahrscheinlich. Auch eine immer wieder vorgebrachte politische Interpretation, der zufolge die Wandgestaltung des Fondaco als eine Anspielung auf die Bedrohung Venedigs durch Kaiser Maximilian zu verstehen sei, vermag wenig zu überzeugen. Anfang des Jahres 1508 hatten die kaiserlichen Truppen versucht, über die Dolomiten auf venezianisches Territorium vorzudringen, konnten aber im Februar bei der Schlacht von Cadore erfolgreich besiegt werden. Da der Kaiser sich aber danach der Liga von Cambrai anschloß, gegen die die Republik von Venedig 1509 Krieg führte, blieb er weiterhin eine Gefahr für Venedig. Tizians Fresko der Judith könnte demnach in ihrer Gleichsetzung als Tugend der Fortitudo als eine Warnung an die Deutschen gedacht gewesen sein. Eine derartige direkte Anspielung auf aktuelle Ereignisse wäre damals aber sicherlich politisch äußerst unklug gewesen und zudem bereits nach kürzester Zeit überholt.

In der 1568er Vita von Giorgione hatte Vasari noch nicht erwähnt, daß auch Tizian an der Fassadendekoration des Fondaco dei Tedeschi mitgewirkt hatte, und statt dessen geschrieben, daß Giorgione dazu beauftragt worden war, »[...] das Gebäude mit farbigem Fresko gemäß seiner eigenen Phantasie zu bemalen [...]«, und daß die inhaltliche Bedeutung der Fresken unverständlich sei (Vasari, *Giorgione, Correggio, Palma il Vecchio und Lorenzo Lotto*, S. 22–24; *Vita di Giorgione da Castelfranco 1568*, in: Nova/Feser/Lorini 2001, S. 117–118). Der Grund, wieso Vasari oder derjenige, der ihm die Informationen über die Fresken des Fondaco dei Tedeschi lieferte, deren inhaltliche Bedeutung nicht verstehen konnte, ist vermutlich darin zu suchen, daß die Fassadengestaltung des Fondaco mit ihrer möglichen Verknüpfung von verschiedenen Themen vor allem der norditalienischen Kunsttradition verpflichtet war und die Fresken daher kein in sich geschlossenes Programm aufwiesen.

Bibl.: Muraro 1975; Hope 1980b, S. 12–14; Schweikhart 1993; Romanelli 1999; Joannides 2001, S. 51–71.

15 Andrea Loredan († um 1556) entstammte einer der bedeutendsten und wohlhabendsten venezianischen Familien, aus der auch der Doge

Leonardo Loredan hervorging. Sein Onkel, der ebenfalls den Vornamen Andrea trug, ließ sich von Mauro Codussi einen Palazzo erbauen (heute Palazzo Vendramin-Calergi).

16 Hierbei handelt es sich wahrscheinlich um die *Flucht nach Ägypten* (Öl auf Leinwand, 206 x 336 cm, um 1507–1508, Sankt Petersburg, Eremitage), deren Zuschreibung an Tizian allerdings umstritten ist. Möglicherweise hatte Vasari das Bild während seines Aufenthalts in der Stadt im Jahre 1541 im Palazzo Andrea Loredans gesehen, als dieser noch lebte. Bei einer vor wenigen Jahren vorgenommenen Röntgenaufnahme des Gemäldes fand man heraus, daß sich unter der Darstellung der *Flucht nach Ägypten* eine Dreifigurengruppe mit dem Jesuskind befindet, das von der Jungfrau und dem Heiligen Joseph angebetet wird. Diese Entdeckung bezeugt, daß Tizian bereits zu Beginn seiner Laufbahn die Angewohnheit hatte, bestehende Kompositionen mit anderen zu übermalen, wie dies für die in seinen letzten Lebensjahren entstandenen Werke bereits bekannt war.

Da die venezianischen Sammler – neben antiker Skulptur und venezianischer Malerei – sehr an nordeuropäischer Kunst interessiert waren und Werke von Künstlern wie Hans Memling, Hieronymus Bosch, Joachim Patinir, Albrecht Dürer und Jan van Scorel für ihre Sammlungen ankauften oder bei diesen in Auftrag gaben, kam es zu einer gegenseitigen Befruchtung nordeuropäischer und venezianischer Künstler, die sich auf seiten der venezianischen Künstler besonders in der Landschaftsgestaltung manifestierte. Ob Tizian, wie von Vasari berichtet, tatsächlich in seinem Haus nordeuropäische Künstler beherbergte, ist nicht bekannt, wird aber auch nicht grundsätzlich angezweifelt. Sicher ist, daß Tizian von der nordeuropäischen Kunst zahlreiche Anregungen für seine eigene Arbeit erhielt.

Bibl.: Zu Tizians *Flucht nach Ägypten* siehe Joannides 2001, S. 35–40; Artemieva 2012. Zum Einfluß der nordeuropäischen Kunst auf die venezianische Kunst siehe Pignatti 1973; Meijer 1999; Aikema 2004.

17 Giovanni d'Anna († 1567) war ein wohlhabender Kaufmann, dessen aus Flandern stammender Vater Martino d'Anna (oder Martin van dem Hane) Anfang des 16. Jahrhunderts nach Venedig gegangen war, wo er 1545 das Privileg der *veneta originaria cittadinanza* erhielt. Die Mitglieder der Familie d'Anna traten als bedeutende Auftraggeber hervor. Um 1535 beauftragten sie Pordenone damit, die Fassade ihres Palazzos am Canal Grande zu freskieren. Außerdem setzten sie sich für Tintorettos Ausstattung der Scuola Grande di San Rocco ein, zu deren einflußreichsten Mitgliedern sie gehörten.

Bibl.: Limentani Virdis 1985.

18 Das Porträt von Giovanni d'Anna ist nicht erhalten.

19 Möglicherweise meint Vasari hier das erst 1543 entstandene *Ecce Homo* (Öl auf Leinwand, 242 x 362 cm, Wien, Kunsthistorisches Museum, Signatur: TIZIANV/S/EQUES/CES/F/1543), welches Tizian für Giovanni d'Annas Palazzo am Canal Grande gemalt hat. Das in der italienischen Kunst selten dargestellte Bildthema war sicherlich vom Auftraggeber bestimmt worden.

Bibl.: Polignano 1992.

20 Die Madonna für Giovanni d'Anna ist nicht erhalten.

21 Maximilian I. (* 1459 Wiener Neustadt – † 1519 Wels) wurde 1508 zum Kaiser gewählt.

22 Vasari meint hier sicherlich die Invasion Kaiser Maximilians in venezianisches Gebiet zu Beginn des Jahres 1508. Am 22. Februar 1508 eroberten die kaiserlichen Truppen Tizians Heimatort Pieve di Cadore, der einige Tage nach der Schlacht von Cadore am 2. März von den Venezianern zurückerobert werden konnte.

23 In der venezianischen Kirche San Marziale befindet sich noch heute eine Darstellung des *Erzengel Raphael mit Tobias* (Öl auf Leinwand, 193 x 130 cm, um 1545, Venedig, San Marziale, Sakristei), die allerdings auf die frühen vierziger Jahre des 16. Jahrhunderts datiert wird.

Es hat sich noch ein weiteres Gemälde von *Tobias mit dem Engel* (Öl auf Holz, 170 x 146 cm, um 1508 oder 1514, Venedig, Gallerie dell'Accademia) erhalten, das sich ursprünglich in der venezianischen Kirche Santa Caterina befand, dessen Identifizierung mit dem von Vasari erwähnten Gemälde allerdings umstritten ist.

Bibl.: Wethey 1969–1975, Bd. I, Kat.-Nr. 145, S. 162–163; Pedrocco 2000, Kat.-Nr. 148, S. 202; Joannides 2001, S. 165–170.

24 Vasari bedient sich hier des mehrfach in den *Vite* vorkommenden Topos der Verwechslung, nach dem die Werke des Schülers denen seines Meisters so ähnlich sind, daß sie für die seinen gehalten werden. Der Topos soll deutlich machen, daß der Schüler die Anweisungen des Meisters befolgt und in seinen Werken umgesetzt hat.

Bibl.: Ketelsen 1990, S. 7, 44–45.

25 Die erste erhaltene datierte Ausgabe des später oft kopierten Holzschnitts *Triumph des Glaubens* (oder auch *Triumph Christi* genannt) erschien 1517 bei Gregorio de Gregoriis in Venedig (38,5 x 26,8 cm, Venedig, Museo Correr, Gabinetto di Stampe e Disegni). Er ist noch heute Gegenstand zahlreicher Debatten, in deren Zentrum Zuschreibungs- und Datierungsfragen stehen. Eng verknüpft mit dem Buchdruck hatte der Holzschnitt in Venedig eine lange Tradition, dessen Entwicklung vor allem von nordeuropäischen Künstlern beeinflußt wurde.

Ausgehend von Vasaris Datierung wird bisweilen angenommen, daß es vor dem Druck von 1517 noch einen früheren gegeben haben könnte, von dem allerdings keine Ausgaben erhalten sind, so daß dessen Existenz wohl auch weiterhin umstritten bleiben wird. Möglicherweise ist Vasari hier so zu verstehen, daß Tizian den Entwurf des Holzschnitts bereits einige Jahre vor dem endgültigen Druck ausführte. Neben weiteren Holzschnitten übte Tizian mit dem *Triumph des Glaubens*, der eine lange Prozession mit Patriarchen, Propheten und Sibyllen vor einem Triumphwagen zeigt, auf dem Christus thronend dargestellt ist und dem eine große Anzahl von Märtyrern und anderen Heiligen folgen, maßgeblichen Einfluß auf die Entwicklung des venezianischen Holzschnitts aus.

Bibl.: Dreyer 1972; Muraro/Rosand 1976; Rapp 1994; Joannides 2001, S. 269–283.

26 Sebastiano Luciani, genannt (Fra) Sebastiano del Piombo, (*1485–86 Venedig? – † 1547 Rom)

27 Michelangelo Buonarroti (* 1475 Caprese – † 1564 Rom)

28 Raffael (* 1483 Urbino – † 1520 Rom)

29 Es dürfte nicht nur für den heutigen Leser erstaunlich sein, daß Vasari ausgerechnet nach dem *Triumph des Glaubens* einen Exkurs über Tizians fehlenden *disegno* einfügt, da der Holzschnitt bekanntlich der mittelitalienischen Kunst verpflichtet ist, wie vor allem die variantenreiche Darstellung von Gesten und Körperhaltungen sowie die Figur des Heiligen Dismas deutlich machen, welche als Zitat aus Michelangelos Cascina-Karton gilt, den Tizian sicherlich durch Nachzeichnungen kannte. Besonders erstaunlich ist hier allerdings, daß Vasari die Kritik an Tizian Sebastiano del Piombo in den Mund legt, da er diesem in dessen Vita ebenfalls vorwirft, daß ihm *disegno* fehle und er zu sehr der venezianischen Maltradition verhaftet sei. Tizian wird hier bewußt Sebastiano gegenübergestellt: Während Tizian erst sehr spät nach Rom reiste, wählte Sebastiano hingegen den ›richtigen Weg‹, den ein Künstler nach Vasari einschlagen sollte, und ging schon in frühen Jahren nach Rom.

30 Das wahrscheinlich um 1521 vollendete Werk wurde 1571 zerstört, als Andrea Palladio die Loggia del Capitanio in Vicenza umgestaltete.

31 Die Fresken an der Fassade des Palazzo Grimani in San Marcuola sind nicht erhalten.

32 Innerhalb von nur 27 Tagen malte Tizian im Frühsommer des Jahres 1511 in der Scuola del Santo (auch Scoletta oder Scuola di Sant'Antonio genannt) in Padua drei *in situ* befindliche Fresken, welche einige Wunder darstellen, die von dem Heiligen Antonius von Padua bewirkt worden sein sollen: *Wunder des Neugeborenen*, *Wunder des abgetrennten Fußes*,

Wunder des eifersüchtigen Ehemannes. Die von der Laienbruderschaft von Sant'Antonio bei Tizian in Auftrag gegebenen Fresken waren Teil eines umfangreichen, dem Heiligen Antonius gewidmeten Programms. Die Figur der – später vom Heiligen Antonius wiedererweckten – sterbenden Frau in dem Fresko mit dem *Wunder des eifersüchtigen Ehemannes* basiert auf der Figur der Eva in Michelangelos *Sündenfall*-Fresko in der Sixtinischen Kapelle. Möglicherweise erfuhr Tizian durch eine Nachzeichnung von dem Fresko, das zu jener Zeit noch nicht öffentlich zugänglich war.

Bibl.: Hope 1980b, S. 26–28; Joannides 2001, S. 107–127.

33 Tizians Altarbild des *Thronenden Heiligen Markus mit den Heiligen Cosmas, Damian, Rochus und Sebastian* (Öl auf Holz, 218 x 149 cm, um 1510, Venedig, Santa Maria della Salute) wurde 1656 vom Augustinerkloster Santo Spirito in Isola auf der gleichnamigen Insel in die venezianische Kirche Santa Maria della Salute transferiert, wo es sich noch heute in der Sakristei befindet. Die Verehrung des Heiligen Markus hatte in Venedig eine ganz besondere Bedeutung, da sich seine Reliquien seit 828/829 in der Stadt befanden. In ihren Anfängen stand Venedig unter der politischen Herrschaft von Byzanz und somit unter dem Patronat des byzantinischen Schutzheiligen Theodor, dessen Verehrung jedoch, nachdem die Gebeine des Heiligen Markus nach Venedig gebracht worden waren, durch die des Heiligen Markus ersetzt wurde. Auf diese Weise sollte auch die wachsende Unabhängigkeit von Byzanz verdeutlicht werden.

Da in Tizians Altarbild neben dem Heiligen Markus und den Heiligen Cosmas und Damian auch die als Pestheilige geltenden Rochus und Sebastian dargestellt sind, hat man vermutet, daß der Auftrag für das Gemälde in Zusammenhang mit den Pestepidemien in Venedig am Anfang des 16. Jahrhunderts steht.

Bibl.: Bohde 2002, S. 209–245.

34 Kaiser Friedrich I. Barbarossa (* 1122 Waiblingen? – † 1190 im Salef = Göksu nehri, Kleinasien)

35 Rolando Bandinelli (* ? Siena – † 1181 Civita Castellana) wurde 1159 zu Papst Alexander III. erhoben.

36 *Friedrich Barbarossa vor Papst Alexander III.* wurde 1577 bei einem Brand im Palazzo Ducale zerstört. Lodovico Dolce hatte in dem Wandgemälde Pietro Bembo, Andrea Navagero und Jacopo Sannazzaro erkannt (Ed. Barocchi, S. 168–169). Um 1516 war Tizian beauftragt worden, Giovanni Bellinis Bild in der Sala del Maggior Consiglio zu vollenden. Er begann jedoch erst 1522 mit den Arbeiten an dem Fresko. 1523 war das Bild schießlich fertiggestellt.

37 Entgegen Vasaris Aussagen war die *sensaria* (oder *sanseria*) zu diesem Zeitpunkt weder mit der Verpflichtung verbunden, das Porträt jedes neuen Dogen zu malen, noch wurde sie als Amt des ›offiziellen Malers‹ der Republik Venedig verstanden, wie vielfach angenommen wurde. Die *sensaria* war vielmehr die Bezahlung eines Künstlers für die von ihm in der Sala del Maggior Consiglio im Palazzo Ducale ausgeführten Arbeiten. Möglicherweise gehen Vasaris Aussagen auf Tizian selbst zurück, der sich in der Vita als ›offizieller Maler‹ der Republik Venedig darstellen lassen wollte.

Bibl.: Hope 1980c.

38 Der Doge, im lokalen Dialekt das Wort für *Duca* (Herzog), war der höchste staatliche Würdenträger in Venedig. Er wurde anfangs von der Volksversammlung und später vom Adel auf Lebenszeit gewählt. Obwohl dem Dogen seit dem 14. Jahrhundert vorwiegend die Funktion eines obersten Repräsentanten zugewiesen wurde, konnte er dennoch auch weiterhin in den führenden Gremien der Stadt eine machtvolle Rolle spielen und übte im Hintergrund einen großen Einfluß aus.

39 Der Bruder von Isabella d'Este, Alfonso I. d'Este, Herzog von Ferrara, Modena und Reggio (* 1476 Ferrara – † 1534 ebenda), versammelte an seinem Hof zahlreiche Gelehrte, Künstler und Musiker, zu denen Ludovico Ariosto und Dosso Dossi zählten. Wie sein Biograph Paolo Giovio (*La vita di Alfonso da Este, duca di Ferrara, scritta da il vescovo Iovio. Tr. in lingua toscana, da Giovanbatista Gelli fiorentino*, Venedig 1553) schreibt, suchte er bewußt den Umgang mit Gelehrten wie dem Humanisten Celio Calcagnini und dem Mediziner Niccolò Leoniceno. Seine Aufträge machen deutlich, daß er vor allem an Kunst und Literatur der Antike interessiert war. Tizian arbeitete seit 1516 über zehn Jahre für Alfonso, der einer seiner wichtigsten Auftraggeber wurde. Durch ihn kam er zudem in Kontakt mit anderen italienischen Herrschern. Für Alfonso fertigte er nicht nur Kunstwerke an, er beriet ihn auch beim Ankauf antiker Vasen und Bronzen.

40 Der *camerino* war ein zu den Privatgemächern Alfonso d'Estes in Ferrara gehörender Raum, der vorwiegend als *studiolo* diente. Später wurde er auch *camerino d'alabastro* genannt, nach den aus diesem Material von Antonio Lombardo um 1506 gefertigten Reliefs, die in den Gemächern aufgestellt waren. Die genaue Lage der Privatgemächer Alfonsos und damit auch des *camerino* in der Residenz in Ferrara ist noch immer umstritten. Als gesichert gilt aber, daß sich die Privatgemächer in der sogenannten Via Coperta, einem ursprünglich geheimen Verbindungsgang zwischen dem Palazzo del Corte und dem Castello, oder in einem angrenzenden Anschlußbau befunden haben. Der Umbau oder Neubau

dieser Gemächer fand 1518 statt. Da einige der für den *camerino* bestimmten Gemälde auf Ekphrasen aus Philostrats *Eikones* beruhen, plante man vermutlich zu Beginn der Ausstattung, die von dem antiken Dichter geschilderte imaginäre Gemäldegalerie in Alfonsos *studiolo* nachzuempfinden. Wie die Auswahl der Künstler zeigt, wollte Alfonso darüber hinaus wahrscheinlich in Konkurrenz zu seiner Schwester Isabella d'Este treten, die ihr *studiolo* und ihre *grotta* von bedeutenden Künstlern unterschiedlichster geographischer Herkunft ausgestalten ließ. Ursprünglich sollten auch Fra Bartolomeo und Raffael Gemälde für Alfonsos *camerino* liefern. Fra Bartolomeo starb jedoch, bevor er sein Bild vollenden konnte, und Raffael sandte lediglich eine Zeichnung mit dem *Triumph des Bacchus* an Alfonso, die Pellegrino da San Daniele in ein heute nicht mehr erhaltenes Gemälde übertrug. Der schließlich mehrere großformatige Bilder mythologischen Inhalts umfassende Gemäldezyklus ist einer der berühmtesten der Renaissance, dessen Gestaltung maßgeblich von Tizian geprägt wurde.

Bibl.: Goodgal 1978; Hope 1987; Shearman 1987; von Rosen 2001a; Kat. Titian 2003, S. 100–111.

41 Eigentlich Giovanni Francesco di Niccolò di Luteri, genannt Dosso Dossi (* um 1486 Tramuschio, Mirandola – † 1541–42 Ferrara)

42 Von den ursprünglich zehn rechteckigen Leinwänden Dosso Dossis, die zusammen einen Fries mit Szenen aus der Aeneas-Legende bildeten, der vermutlich oberhalb der anderen mythologischen Gemälde im *camerino* angebracht war, sollen sich nur folgende erhalten haben: *Aeneas am Eingang zum Elysium* (Öl auf Leinwand, 57,5 x 167,8 cm, um 1520–1521, Ottawa, National Gallery of Canada), *Die sizilianischen Spiele* (Öl auf Leinwand, 57,5 x 167,8 cm, um 1520–1521, New York, Privatsammlung), *Die Pest in Pergamea* (Öl auf Leinwand, 58,5 x 167,5 cm, um 1520–1521, New York, Privatsammlung), *Die Trojaner an der libyschen Küste* (Öl auf Leinwand, 58,5 x 167,5 cm, um 1520–1521, Birmingham, The University of Birmingham, The Trustees of the Barber Institute of Fine Arts), *Die Trojaner beim Bau oder bei der Reparatur ihrer Flotte* (Öl auf Leinwand, 58,7 x 87,6 cm, um 1520–1521, Washington, National Gallery, Samuel H. Kress Collection). Dossos zehn Gemälde sollten wahrscheinlich nicht die gesamten zwölf Bücher aus Vergils *Aeneis*, sondern nur ausgewählte Szenen darstellen. Allen ist gemein, daß sie – wie bei Dosso üblich – die literarische Vorlage frei umsetzen. Dosso Dossi malte zudem für Alfonsos *camerino* ein heute nicht mehr erhaltenes *Bacchanal.*

Bibl.: Bayer 1998; Christiansen 2000.

43 Giovanni Bellinis 1514 vollendetes *Götterfest* (Öl auf Leinwand, 170,2 x 188 cm, 1514–1529, Washington, National Gallery of Art, Widener

Collection) war vermutlich ursprünglich nicht als Teil eines Gemäldezyklus' gedacht, sondern sollte vielmehr für sich allein stehen. Röntgenaufnahmen haben gezeigt, daß man den Figuren bei einer der mehrfachen Übermalungen des Gemäldes die Attribute der olympischen Götter beigegeben hat und daß darüber hinaus auch die Landschaft links im Hintergrund zweimal überarbeitet worden ist. Durch die neu hinzugefügten Attribute wurde die Ikonographie des Gemäldes leicht verändert. Von wem diese Überarbeitung stammt, ist allerdings umstritten. Wahrscheinlich diente Bellini als Vorlage für die im *Götterfest* erzählte Legende über Priapus eine italienische Paraphrasierung von Ovids *Metamorphosen*. Dort werden die im Bild dargestellten Figuren als Bürger der Stadt Theben geschildert, nicht so aber in Ovids *Fasten* (I, 391–440; VI, 319–348), auf die die Übermalung sich sicherlich bewußt bezogen hat, da hier die gleichen Figuren als Götter und Nymphen erscheinen. Der Grund für die zweite Überarbeitung der Hintergrundlandschaft könnte hingegen in dem schließlich in die Tat umgesetzten Wunsch Alfonsos zu finden sein, das *Götterfest* den daneben hängenden Gemälden anzugleichen, nachdem er sich 1517 dazu entschlossen hatte, weitere Bilder für sein *camerino* in Auftrag zu geben. Während man die erste Überarbeitung der Hintergrundlandschaft – zu einem Zeitpunkt, als das *Götterfest* noch neben dem heute verlorenen *Triumph des Bacchus* aufgestellt war – Dosso Dossi zuschreibt, wird vermutet, daß die zweite 1529 von Tizian ausgeführt wurde, da der *Triumph des Bacchus* kurz zuvor durch die Darstellung der *Andrier* ersetzt worden war (zu Tizians *Andrier* siehe Anm. 46).

Bibl.: Fehl 1974; Colantuono 1991; Brown 1993; Manca 1993; Kat. Tiziano 2003, Kat.-Nr. 13, S. 168–169 (David Jaffé/Sorcha Carey).

44 Indem Vasari hier Albrecht Dürer (* 1471 Nürnberg – † 1528 ebenda) als »Alberto Duro fiammingo« bezeichnet, wird deutlich, daß er sich noch nicht darum bemühte, die nördlichen Kunstlandschaften zu differenzieren.

45 Gemeint ist *Das Rosenkranzfest* (Öl auf Pappelholz, 162 x 194,5 cm, Prag, Nationalgalerie), welches Albrecht Dürer 1506 für die Kapelle der deutschen Rosenkranzbruderschaft in San Bartolomeo in Venedig malte, wo es bis zu seinem Erwerb durch Kaiser Rudolf II. im Jahre 1610 verblieb. Dürers Aufenthalt in Venedig vom Spätherbst 1505 bis zum Januar 1507 prägte nicht nur seine weitere künstlerische Entwicklung, sondern auch sein Selbstverständnis als Künstler nachhaltig. Wie aus den Briefen an seinen Freund, den Nürnberger Humanisten Willibald Pirckheimer, vom 6. Januar bis zum 23. September 1506 hervorgeht, zeigten sich aber auch die Venezianer von seiner Kunst tief beeindruckt. Dürer berichtet in den Briefen, daß ihm die Darstellung des Rosenkranzfestes nicht nur

die Bewunderung der venezianischen Künstler, die seiner Kunst sonst meist mit Neid und Mißgunst begegnet seien, einbrachte, sondern auch die des Dogen und des Patriarchen. Mit dem Altarbild konnte Dürer, wie er selbst anmerkt, den venezianischen Künstlern zeigen, daß er nicht nur ein meisterhafter Zeichner und Schöpfer von Holzschnitten und Kupferstichen war, sondern auch ein talentierter Maler, was ihm bislang abgesprochen worden war.

Bibl.: Humfrey 1988; Martin 1993; Koreny 1999; Schütz 2004.

46 Tizians *Andrier* (oder *Das Bacchanal*, Öl auf Leinwand, 175 x 193 cm, 1523–1526, Madrid, Museo Nacional del Prado, Signatur: TITIANUS F.) ersetzte Pellegrino da San Danieles heute nicht mehr erhaltenen *Triumph des Bacchus*, vermutlich weil dieses Bild – im unmittelbaren Vergleich mit den anderen Werken Tizians im *camerino* – nunmehr als zweitklassig empfunden wurde. Wie das *Venusfest* (siehe Anm. 47) beruht auch *Die Andrier* auf einer Ekphrasis des antiken Dichters Philostrat (*Eikones*, I, 25), allerdings geht Tizian hier sehr frei mit der literarischen Vorlage um. Dargestellt sind die Bewohner der Insel Andros, die Bacchus, dem Gott des Weines, während eines Bacchanals huldigen. Zahlreiche Antikenzitate wie die nackte weibliche Figur im Vordergrund, die auf eine berühmte antike Statue der Ariadne (heute als Kleopatra identifiziert, Rom, Vatikanische Museen) zurückgeht, und der urinierende Knabe neben ihr, bei dem es sich um ein geläufiges Motiv in der antiken Sepulkralkunst handelt, beweisen, daß Tizian sich intensiv mit der Antike beschäftigt hat.

Bibl.: Kat. Tiziano 2003, Kat.-Nr. 12, S. 166–167 (Miguel Falomir).

47 Nachdem Fra Bartolomeo gestorben war, übertrug man Tizian im April des Jahres 1518 den Auftrag, ein *Venusfest* (Öl auf Leinwand, 172 x 175 cm, 1518–19, Madrid, Museo Nacional del Prado, Signatur: TITIANUS F.) für Alfonso d'Estes *camerino* zu malen. Vermutlich griff Tizian hier auf Motive einer oder vielleicht sogar mehrerer bereits vorhandener Zeichnungen von Fra Bartolomeo zurück, die dieser noch kurz vor seinem Tod 1517 für die Konzeption des Gemäldes ausgeführt hatte (22 x 29 cm, Florenz, Uffizien, Gabinetto dei Disegni e delle Stampe, Inv.-Nr. 1269 E). So beispielsweise die Venus-Statue und die Nymphen, die in der literarischen Vorlage, einer Bildbeschreibung Philostrats (*Eikones*, I, 6), zwar im Zusammenhang mit dem beschriebenen Gemälde, aber nicht als Teil der Darstellung erwähnt werden. Im Gegensatz zu Fra Bartolomeo entschied sich Tizian allerdings dazu, die Venus-Statue nicht in die Mitte zu plazieren, sondern an den rechten Rand, möglicherweise um das *Venusfest* besser in seinen räumlichen Kontext einfügen zu können. Für die Darstellung der Putti griff Tizian auf antike Re-

liefs zurück, die sich bereits damals in Venedig befanden (heute im Museo Archeologico).

Bibl.: Kat. Tiziano 2003, Kat.-Nr. 11, S. 162–165 (Miguel Falomir).

48 Tizian malte den *Zinsgroschen* vermutlich im Jahre 1516 (Öl auf Holz, 75 x 56 cm, Dresden, Staatliche Kunstsammlungen, Gemäldegalerie Alte Meister, Signatur: TICIANVS F) während seines Aufenthaltes in Ferrara.

49 Wie aus erhaltenen Dokumenten hervorgeht, malte Tizian im Winter 1527–1528 »tre cose«, die dem Künstler jeweils 100 Dukaten einbrachten und bei denen es sich unter anderem um das Porträt des *Alfonso d'Este* sowie das der *Laura dei Dianti* handeln könnte. Das verlorene Bildnis des *Alfonso d'Este* ist durch eine möglicherweise von Rubens stammende Kopie nach Tizian vermittelt (Öl auf Leinwand, 127 x 98 cm, New York, Metropolitan Museum of Art, Munsey Fund). Es ist eines der ersten Bildnisse, das Tizian als Dreiviertelfigur schuf, welche von nun an eine seiner bevorzugten Darstellungsformen wurde, vor allem für Porträts ranghoher Persönlichkeiten. Im Zusammenhang mit Tizians Porträt von Alfonso d'Este ist Giovios Bericht bedeutsam, dem zufolge Alfonso sich meisterhaft auf das Anfertigen von großen Geschützen verstand und jeden darauf spezialisierten Handwerker übertraf. Einer zeitgenössischen Legende nach soll Alfonso, der während des Krieges gegen die Liga von Cambrai zum Gegner des Papstes geworden war, nach der Befreiung Bolognas von den päpstlichen Truppen Michelangelos große Bronzestatue von Papst Julius II. – außer ihrem Kopf – zu einer Kanone verarbeitet haben, die ›La Giulia‹ genannt wurde und von der angenommen wurde, daß sie auf Tizians Porträt dargestellt sein könnte.

50 Laura dei Dianti (* ? Ferrara – † 1573) war die Tochter eines Ferrareser Hutmachers.

51 Bildnis der *Laura dei Dianti* (Öl auf Leinwand, 118 x 93 cm, Kreuzlingen, Sammlung Heinz Kisters, Signatur: Ticianus f.)

Bibl.: Wethey 1969–1975, Bd. II, Kat.-Nr. 24, S. 92–94.

52 Ludovico Ariosto (* 1474 Reggio nell'Emilia – † 1533 Ferrara) war von 1503 bis 1517 im Dienst des Kardinals Ippolito d'Este und von 1518 bis 1526 am Hof von Alfonso d'Este tätig. 1516 erschien die erste Auflage seines vierzig Gesänge umfassenden Epos' *Orlando Furioso*, der in den folgenden Jahren in veränderter und erweiterter Form zwei weitere Male erscheinen sollte (1521 und 1532). In einem Gesang der dritten Ausgabe (XXXIII,2) hält Ariosto Lobreden auf neun zeitgenössische Künstler, unter ihnen Tizian, den Ariosto vermutlich 1516 in Ferrara kennenlernte. Das der dritten Ausgabe des *Orlando Furioso* vorangestellte Porträt von Ludovico Ariosto wurde, wie aus einem Brief Giovanni Maria Verdizottis hervorgeht, möglicherweise von Tizian entworfen.

Bibl.: Zu Ariostos Lobrede auf Tizian siehe Rosand 1972.

53 Der Schwiegervater des Gemmenschneiders Giovanni (Desiderio) Bernardi, genannt Giovanni da Castel Bolognese (* 1494 Castel Bolognese – † 1553 Faenza), war der Goldschmied Emiliano Targone (oder Targhetta).

Bibl.: Humfrey 2003.

54 Gemeint ist hier sicherlich Tizians *Drei Lebensalter* (Öl auf Leinwand, 90 x 151,7 cm, um 1512/13, Edinburgh, National Gallery of Scotland, Leihgabe des Duke of Sutherland), dessen Gegenstand neben weiteren Sinnschichten der Kreislauf des menschlichen Werdens und Vergehens sein könnte. Der im Bild sichtbare alte Mann, der diese Interpretation nahelegt, wurde jedoch möglicherweise später von Tizian oder einem anderen Maler hinzugefügt, wie eine Radierung von Valentin LeFèbre aus dem 17. Jahrhundert zeigt (*Opera selectiora quae Titianus Vecellius Cadubriensis, et Paulus Calliari Veronensis inventarunt, ac pinxerunt*, Venedig 1682), in der der alte Mann fehlt. Allerdings könnte Tizian auch verschiedene Versionen des Bildes gemalt haben oder LeFèbre ließ die Figur des alten Mannes beim Anfertigen der Radierung einfach weg. Ohne den alten Mann erscheint das Gemälde vornehmlich als Darstellung eines Liebespaares in einer pastoralen Landschaft. Da die Gattung der Pastorale den Wunsch des Menschen nach einem ursprünglichen Leben im Einklang mit der Natur verkörperte, kann die Nacktheit des jungen Mannes nicht nur als sinnliches Verlangen nach der jungen Frau interpretiert werden, sondern auch als ein Begehren, sich mit der idealen Natur – dargestellt durch die Frau, die bereits seit der Antike mit der Natur gleichgesetzt wurde – zu vereinen.

Vasari sah Tizians Gemälde wahrscheinlich zusammen mit einem Porträt Emiliano Targones, das dieser bei Giorgione in Auftrag gegeben hatte, als er sich 1548–49 im Haus von Giovanni da Castel Bolognese in Faenza aufhielt.

Bibl.: Hope 1980b, S. 18–22; Joannides 1991; Koos 2001; Humfrey 2003; Kat. The Age of Titian 2004, Kat.-Nr. 15, S. 83–85 (Peter Humfrey).

55 Tizians *Himmelfahrt Mariens* (auch *Assunta* genannt, Öl auf Holz, 690 x 360 cm, 1516–1518, Venedig, Santa Maria Gloriosa dei Frari), deren Bildträger entgegen den Angaben Vasaris aus Holz besteht, wurde 1516 von den Franziskanern für den Hochaltar ihrer Kirche Santa Maria Gloriosa dei Frari in Venedig in Auftrag gegeben. Tizian sah sich hier mit dem Problem konfrontiert, eine Komposition zu schaffen, die vornehmlich aus der Distanz betrachtet werden sollte. Er löste dieses Problem, indem er den Schauplatz des Gemäldes und die darin befindlichen Figu-

ren nicht – wie bis dahin in der venezianischen Malerei üblich – in konventioneller Weise auf den realen, das Bild umgebenden Kirchenraum und dessen Dimensionen abstimmte, sondern indem er mit dramatisierenden Stilmitteln ein übernatürliches Ereignis schuf. Tizians Erneuerung des venezianischen Altarbildes, die mit der *Himmelfahrt Mariens* ihren Anfang nahm, manifestierte sich einige Jahre später vor allem in seiner sogenannten *Pesaro-Madonna.* Zu den neuen, von Tizian eingesetzten Elementen, die im 17. Jahrhundert wieder aufgegriffen werden sollten, gehörte die Struktur des Bildes, die wesentlich durch ein Farbschema bestimmt wird, dem ein durch die Gewänder Mariens, Gottvaters und der Apostel gebildetes rotes Dreieck zugrunde liegt, welches eine starke Aufwärtsbewegung erzeugt. Ein weiteres Element ist die durch Gestik und Körperhaltung ausgedrückte Emotion der dargestellten Figuren, die – im Sinne Albertianischer Kunsttheorie – den Betrachter unmittelbar berühren sollte. Vermutlich setzte Tizian in diesem Bild Einflüsse aus der mittelitalienischen Kunst um, wie dies die auffällige Ähnlichkeit mit Fra Bartolomeos Zeichnung einer *Himmelfahrt Mariens* nahelegt (Kreidezeichnung, 21,7 x 17 cm, um 1516, München, Staatliche Graphische Sammlung), die Tizian in Ferrara am Hof der Este gesehen haben könnte. Maria wird hier ebenfalls nicht nur in ausladender Gestik stark emotional bewegt, sondern auch im Kontrapost dargestellt, eines der wesentlichen Elemente der Kunst des 16. Jahrhunderts, das bei Tizian zum ersten Mal in einem venezianischen Bild auftaucht. Trotz der für ein venezianisches Altarbild dieser Zeit ungewöhnlichen narrativen Gestaltung der *Himmelfahrt Mariens*, welche die zukünftige Entwicklung des venezianischen Altarbildes maßgeblich beeinflussen sollte, geht Vasari erstaunlicherweise nur auf den schlechten Erhaltungszustand des Gemäldes ein, der auf die vermeintlich falsche Wahl des Bildträgers zurückzuführen sei.

Bibl.: Rosand 1971; Hope 1980b, S. 41–44; Goffen 1986; Humfrey 1993; Joannides 2001, S. 285–297.

56 Tizian erhielt im April 1519 von Jacopo da Pesaro, dem Bischof von Paphos auf Zypern, den Auftrag, ein Altarbild für die Familienkapelle der Pesaro in der Frari-Kirche zu malen (*Pesaro-Madonna*, Öl auf Leinwand, 478 x 266,5 cm, 1519–1526, Venedig, Santa Maria Gloriosa dei Frari). Am 8. Dezember 1526 konnte das Fest der Immaculata an dem mit Tizians Gemälde neugestalteten Altar gefeiert werden. Darin dargestellt sind unter anderem die thronende Muttergottes mit dem Kind, verschiedene Heilige sowie die Stifter. Indem Tizian für die *Pesaro-Madonna* statt einer bis dahin für Altarbilder üblichen symmetrischen eine asymmetrische Kompositionsform wählte, brach er radikal mit der tra-

ditionellen Darstellung der sogenannten *sacra conversazione*. Die Darstellung von Stiftern in einem Altarbild war zu jener Zeit ebenfalls ein Novum in der venezianischen Malerei und geht möglicherweise auf den Auftraggeber Jacopo da Pesaro zurück, der sich auf diese Weise als Anhänger des Papstes darstellen lassen konnte. Gemeinhin wird angenommen, daß sich in Tizians Gemälde die Kreuzzugsidee manifestiert, da diese in der Politik des damaligen Papstes Leo X. eine wichtige Rolle spielte und 1517/18 zudem neu an Aktualität gewonnen hatte. Nur so ließe sich erklären, wieso Jacopo da Pesaro durch die Darstellung eines gefangenen Türken an seinen eigenen – zum Zeitpunkt der Vollendung des Altarbildes aber bereits über zwei Jahrzehnte zurückliegenden – Sieg über die Türken im Jahre 1502 erinnern wollte.

Bibl.: Hope 1980b, S. 45–47; Goffen 1986; Puttfarken 1992 (1985); Aurenhammer 1993.

57 Der dem venezianischen Adel angehörende Jacopo da Pesaro (* um 1465 – † 1547) wurde am 3. Juli 1495 zum Bischof von Paphos auf Zypern geweiht. 1502 wurde er dann von Papst Alexander VI. zum päpstlichen Legaten und zum *capitanio e comissario*, zum Kommandanten der päpstlichen Flotte, im Verband der sogenannten Heiligen Liga gegen die Türken ernannt. Gemeinsam mit der venezianischen Flotte unter Benedetto Pesaro, einem entfernten Verwandten, konnte er im selben Jahr Santa Maura (heute Lefkas) im Ionischen Meer zurückerobern, das die Türken damals besetzt hielten. In Tizians Bild ist auf der rechten Seite neben anderen Brüdern und männlichen Verwandten auch Jacopos Bruder, Francesco da Pesaro (* um 1451 – † 1533), dargestellt.

58 Das Altarbild mit der *Madonna und dem Kind in der Glorie mit Heiligen* (auch *Madonna di San Nicolò della Lattuga* genannt, Öl auf Holz, später auf Leinwand übertragen, 420 x 290 cm, Rom, Pinacoteca Vaticana) wurde 1514 von den Procuratori di San Marco de Ultra bei Tizian für den Hochaltar der heute nicht mehr erhaltenen Kirche San Nicolò in der Nähe von Santa Maria Gloriosa dei Frari in Auftrag gegeben. Möglicherweise war es schon 1522 vollendet, als der *guardian* der Frari-Kirche die Weihinschrift auf dem Rahmen des Gemäldes anbrachte. Vasaris Aussage, der im Bild gezeigte Heilige Sebastian sei »naturgetreu« (»ritratto dal vivo«) und »ganz ohne [...] Kunstmittel« (»senza artificio niuno«) dargestellt und erwecke den Anschein, wie »ein Abdruck nach dem Leben« zu sein (»stampato dal vivo«), verdeutlicht, wie Vasari Tizians Naturnachahmung bewertete. Hier wird Tizian (und auch den anderen venezianischen Künstlern) unterstellt, daß er gleichsam unreflektiert die Natur abmalt, wobei er – wie Vasari an anderer Stelle betont – Gefahr läuft, auch deren Fehler abzubilden, da er sich ja vorher nicht

dem zeichnerischen Studium der antiken und herausragenden modernen Werke gewidmet hat, bei dem er gelernt hätte, sich vom unmittelbaren Naturvorbild zu lösen. Bezeichnenderweise benutzt Vasari den Begriff *ritrarre*, um Tizians Nachahmung der Natur beim Heiligen Sebastian zu umschreiben. Im Gegensatz zum *imitare*, welches in der damaligen Kunsttheorie – auf Aristoteles zurückgehend – als verbessernde Naturnachahmung verstanden wurde, ist *ritrarre* bereits etymologisch eng mit der Gattung des Porträts (*ritratto*) verbunden und gerät im Vergleich mit dem *imitare* darüber hinaus zur Beschreibung eines geradezu ›kunstlosen‹ Abbildens.

Die venezianischen Kunsttheoretiker wie Lodovico Dolce und später Marco Boschini lobten hingegen Tizian für dessen gelungene Nachahmung der Natur bei der Gestaltung des Heiligen Sebastian, da dieser den Eindruck erwecke, nicht gemalt, sondern lebendig zu sein. Dolce, der die kunsttheoretische Debatte um Tizians Heiligen Sebastian und damit verknüpft um dessen Kunst letztlich angeregt haben dürfte, berichtet im *Dialogo della Pittura, intitolato l'Aretino* (Venedig 1557), daß Pordenone, nachdem er den Heiligen gesehen habe, sagte, daß Tizian beim Malen nicht Farbe, sondern vielmehr Fleisch verwendet habe. Marco Boschini scheint sogar direkt auf Vasari anzuspielen, wenn er in der *Breve instruzione* (Venedig 1674) schreibt, daß derjenige, der nicht zugeben könne, daß Tizians Heiliger Sebastian wunderbarer als die Natur sei, blind im Verstand sein müsse und daher nicht in der Lage sei, über Farben zu urteilen. Zuvor hatte er in der *Carta del navegar pitoresco* (Venedig 1660) geschrieben, daß der Heilige Sebastian bluten würde, wenn man in sein Fleisch kneife, so sehr seien Natur und Malerei in ihm zu einer Einheit geworden. Hier wird offenkundig, daß die venezianischen Kunsttheoretiker der meisterhaften Naturnachahmung einen anderen Stellenwert beimaßen als Vasari.

Bibl.: Hood/Hope 1977; Humfrey 1993; Rosand 1994; Bohde 2002, S. 247–255.

59 Die Heiligen finden sich tatsächlich in einem Nicolò Boldrini zugeschriebenen Holzschnitt wieder, von dem in Berlin vier Abdrucke erhalten sind (*Die sechs Heiligen*, Holzschnitt, 3,79 x 5,35 cm, Staatliche Museen, Preußischer Kulturbesitz, Kupferstichkabinett, Inv.-Nr. 388–38, 387–38, 389–38, 390–38). Allerdings zeigt der Schnitt nur – seitenverkehrt und mit starken Abweichungen vom Gemälde, wie an der Figur des Heiligen Sebastian zu sehen ist – die Reihe der sechs Heiligen unter der Madonna di San Nicolò della Lattuga: Katharina, Nikolaus, Petrus, Antonius, Franziskus und Sebastian. Tizian hatte den Holzschnitt möglicherweise um 1535 in Auftrag gegeben.

Bibl.: Dreyer 1972, S. 45–46, Nr. 9–I und 9–II; Muraro/Rosand 1976, S. 110–112.

60 Die *Kreuztragung Christi* befindet sich heute in der Sala dell'Albergo der Scuola Grande di San Rocco in Venedig (Öl auf Leinwand, 70 x 100 cm, 1509). Das Gemälde wurde mehrfach Giorgione zugeschrieben, so auch von Vasari in dessen 1550er und auch noch in der 1568er Vita. Erst in der 1568 erschienenen Vita Tizians, die vermutlich nach der Giorgiones in Druck gegangen war, revidiert er seine Zuschreibung. Daß die Tizian-Vita nicht vor 1567 gedruckt wurde, also nachdem Vasari 1566 nach Venedig gereist war, geht aus einem Brief Vincenzo Borghinis an Vasari vom 28. Januar 1567 hervor (Frey 1923–1930, Bd. II, S. 291–292). 1564 waren allerdings weite Teile der Vita bereits verfaßt worden. Jener Teil der *Vite* mit der Lebensbeschreibung Giorgiones war aber schon Anfang 1565 in den Druck gegangen, denn Vasari berichtet in einem Brief vom 20. Januar 1565 an Herzog Cosimo de' Medici, daß die ersten zwei Teile der *Vite* bereits gedruckt seien und daß die Drucker nun mit dem dritten Teil fortfahren würden (Frey 1923–1930, Bd. II, S. 144). Die von Vasari erwähnten Wunder, die die *Kreuztragung* bewirkt haben soll, wurden unter anderem von Marin Sanudo beschrieben (*Diarii*, Eintrag vom 20. Dezember 1520). Es ist vermutet worden, daß das Gemälde ursprünglich in der Kreuzkapelle hing, die 1508 dem *guardian grande* der Scuola Jacomo de' Zuanne zugesprochen wurde. 1519 begann man, es als wundertätig zu betrachten. Der schlechte Erhaltungszustand der *Kreuztragung* ist möglicherweise auf die devotionale Praxis des Berührens zurückzuführen.

Bibl.: Anderson 1977. Für die Zuschreibung an Giorgione siehe Kat. Giorgione 2004, S. 224–226, Kat.-Nr. 15 (Daniele Ferrara).

61 Der Dichter Pietro Bembo (* 1470 Venedig – † 1547 Rom), als dessen berühmtestes literarisches Werk *Gli Asolani* (1505 veröffentlicht) gilt, wurde 1513 apostolischer Notar und Sekretär Papst Leos X. 1539 wurde er von Papst Paul III. zum Kardinal erhoben. Sein von Vasari hier erwähntes Porträt ist wahrscheinlich nicht erhalten.

62 Papst Leo X., der frühere Giovanni de' Medici (*1475 Florenz – †1521 Rom, Papst von 1513 bis 1521), war der Sohn Lorenzo il Magnificos. Er erhielt seine erste Ausbildung von den im Palazzo Medici in Florenz verkehrenden Humanisten Angelo Poliziano, Pico della Mirandola und Marsilio Ficino. 1492 wurde er von Papst Innozenz VIII. zum Kardinal erhoben. 1512 erreichte er mit päpstlicher Hilfe die Rückkehr der im Jahre 1494 vertriebenen Medici nach Florenz. Leo X. förderte darüber hinaus bedeutende Gelehrte und Dichter wie Pietro Bembo, Baldassare Castiglione und Jacopo Sannazaro. Während seines Pontifikats führte er – neben eigenen Aufträgen – die von seinem Vorgänger Papst Julius II. ini-

tiierten Kunstaufträge fort, vor allem die *Stanzen* im Vatikan. Die Zeitgenossen verknüpften mit dem Pontifikat Leos X. die Wiederkehr des Goldenen Zeitalters.

Bibl.: Cox-Rearick 1984. Zur Verknüpfung des mythischen Goldenen Zeitalters mit dem Pontifikat Leos X. siehe Shearman 1972, S. 15.

63 Dieses Bild wird mit dem aus Santa Maria Maggiore in Venedig stammenden *Heiligen Johannes der Täufer* identifiziert (Öl auf Leinwand, 201 x 134 cm, um 1531–32, Venedig, Gallerie dell'Accademia). Da der Heilige hier gemäß der ikonographischen Tradition mit einem Lamm dargestellt ist, hat Vasari wahrscheinlich nur versehentlich »angelo« statt *agnello* geschrieben. In Auftrag gegeben wurde das Altarbild von Vincenzo di Giacomo Polani für seine Kapelle in Santa Maria Maggiore, wo es auf der linken Seite von einer Skulptur des Heiligen Franziskus flankiert wurde, was die skulpturale Gestaltung des Heiligen Johannes erklären könnte, für die Tizian auf antike Beispiele wie den Apoll von Belvedere rekurriert haben muß, den er wohl durch Nachzeichnungen kannte. Sicherlich wollte er so auf den *paragone* zwischen Malerei und Skulptur anspielen.

Bibl.: Kat. Tiziano 2003, Kat.-Nr. 17, S. 176–177 (David Jaffé).

64 Antonio Grimani (* 1434 Venedig – † 1523 ebenda) war durch den Handel mit den östlichen Mittelmeerländern zu einem der reichsten Männer in Venedig geworden. Nachdem er 1499 als Kommandant der venezianischen Flotte in der Schlacht von Zonchio eine Niederlage gegen die Türken erlitten hatte, ging er ins Exil nach Rom, von wo aus er erst einige Jahre später nach Venedig zurückkehrte. 1521 wurde Grimani zum Dogen gewählt.

Vermutlich meint Vasari hier das Porträt von Antonio Grimani für die Sala del Maggior Consiglio, das bei einem der Brände im Palazzo Ducale verlorenging.

65 Giovanni Bellini fertigte von dem 1501 zum Dogen gewählten Leonardo Loredan (* 1436 – † 1521 Venedig) ein Bildnis an (Öl auf Holz, 61,5 x 45 cm, um 1501, London, National Gallery), das als eines der bedeutendsten Büstenporträts des Cinquecento gilt. Über ein von Tizian gemaltes Porträt Leonardo Loredans ist nichts bekannt.

66 Der französische König Franz I. (* 1494 Cognac – † 1547 Fontainebleau, König seit 1515) war einer der bedeutendsten Mäzene seiner Zeit. Die von seinem Vorgänger Ludwig XII. geerbte Sammlung italienischer Gemälde des späten Quattro- und frühen Cinquecento, bei denen es sich vorwiegend um Porträts handelt, die 1499 beim Einzug in Mailand konfisziert worden waren, erweiterte Franz I. durch den Kauf vornehm-

lich Florentiner Werke. Das von Vasari hier erwähnte Bildnis ist wahrscheinlich nicht erhalten.

Bibl.: Cox-Rearick 1995.

67 Andrea Gritti (* 1455 Bardolino bei Verona – † 1538 Venedig) wurde 1523 zum Dogen ernannt.

Bibl.: Tafuri 1984.

68 Vasari meint hier sicherlich das erst 1531 entstandene Votivbild des Dogen Andrea Gritti, welches möglicherweise zwei Jahre zuvor bei Tizian in Auftrag gegeben worden war. Andrea Gritti wurde darauf zusammen mit dem Heiligen Markus, der ihn der Madonna empfiehlt, dargestellt. Das 1531 vollendete und in der Sala del Collegio aufgestellte Bild wurde beim Brand im Palazzo Ducale im Jahre 1574 zerstört. Sein Aussehen ist nur noch durch einen Nicolò Boldrini zugeschriebenen Holzschnitt bekannt, bei dem Andrea Gritti jedoch durch Francesco Donà ersetzt wurde, der zum Zeitpunkt der Entstehung des Holzschnittes Doge war (z.B.: *Der Doge Francesco Donà vor der Madonna*, Holzschnitt auf zwei Blättern, 43,4 x 38,8 und 43,4 x 39 cm, Nr. 399–38, Berlin, Staatliche Museen, Preußischer Kulturbesitz, Kupferstichkabinett). Das Votivbild wurde – kurz nachdem es in der Sala del Collegio aufgestellt worden war – von Marin Sanudo in seinen *Diarii* erwähnt (Eintrag vom 6. Oktober 1531). Damals war es üblich, daß jeder neugewählte Doge auf seine eigenen Kosten ein Bild für ausgewählte Ratssäle des Palazzo Ducale, ein Antependium für San Marco und ein Wappenschild für die Sala dello Scudo im Palazzo Ducale in Auftrag gab. Es handelte sich demnach um obligatorische private Stiftungen für einen öffentlichen Ort.

Bibl.: Hubala 1977; Wolters 1980; Wolters 1983, besonders S. 92–135. Zum Holzschnitt siehe Dreyer 1972, Kat.-Nr. 23, S. 52–53.

69 In der Sala del Collegio tagte die Signoria von Venedig und empfing dort ausländische Delegationen.

70 Pietro Lando (auch Pietro Landro oder Petrus Landus genannt, 1462–1545, Doge seit 1539). Die Porträts der Dogen wurden bei dem Brand in der Sala del Maggior Consiglio im Palazzo Ducale im Jahre 1577 zerstört.

71 Das Bildnis des Dogen Francesco Donà oder Francesco Donato (Doge von 1545 bis 1553) ist beim Brand im Jahre 1577 zerstört worden.

72 Das Porträt des Marcantonio Trevisan (Doge von 1553 bis 1554) wurde von Francesco Venier, seinem Nachfolger im Dogenamt, in Auftrag gegeben und ist beim Brand im Jahre 1577 verlorengegangen.

73 Tizian malte mindestens zwei Porträts von Francesco Venier (*1489 – † 1556, Doge seit 1554): eines 1555 für den Palazzo Ducale,

das beim Brand im Jahre 1577 verlorenging, und im selben Jahr ein weiteres, das möglicherweise für den eigenen Palast des Dogen gedacht war (Öl auf Leinwand, 113 x 99 cm, 1555, Madrid, Museo Thyssen-Bornemisza).

Bibl.: Kat. Tiziano 2003, Kat.-Nr. 45, S. 256–257 (Miguel Falomir).

74 Die Porträts von Lorenzo Priuli (Doge von 1556 bis 1559) und Girolamo Priuli (Doge von 1559 bis 1567) wurden 1560 von Girolamo Dente und Tintoretto gemalt.

75 Der Dichter Pietro del Tura, genannt Pietro Aretino (*1492 Arezzo – † 1556 Venedig), war einer der bedeutendsten Kunstschriftsteller seiner Zeit. Seine einflußreichen ›Kunstkritiken‹ schrieb er vorwiegend in seinen *lettere* nieder, die auch in gedruckter Form erschienen (Venedig, 1538–1557) und so einer breiteren Öffentlichkeit zugänglich gemacht wurden. Neben Tizian wurde Aretino von vielen anderen Künstlern porträtiert (Sebastiano del Piombo, Salviati, Tintoretto, Vasari). Einem Herrscher gleich, nutzte er bewußt die Gattung des Porträts für seine Selbstdarstellung. Aretinos Porträts entstanden häufig als eine Art Demonstrationsobjekt, mit dessen Hilfe ein Künstler sich bei einem potentiellen Auftraggeber gewissermaßen vorstellen und seine Kunstfertigkeit demonstrieren konnte. Zugleich konnte Aretino mit diesen Bildnissen und den ihnen beigefügten Sonetten geschickt auf seine eigene Person aufmerksam machen.

Wie auch Vasari berichtet, war Aretino maßgeblich daran beteiligt, Tizians Ruhm in ganz Europa zu verbreiten. Vor allem mit Hilfe der später gedruckten Briefe und Sonette, die häufig zusammen mit Gemälden Tizians an bedeutende Persönlichkeiten verschickt wurden, konnte Aretino mit dazu beitragen, Tizian als einen der berühmtesten Künstler seiner Zeit zu etablieren. Aretinos Sonette auf Tizians Bildnisse, die den Briefen an die Abgebildeten nachgestellt waren, waren hauptsächlich Huldigungsgedichte, mit denen Aretino nicht nur Tizians Kunst preisen, sondern auch die porträtierte Person überhöhen konnte, um auf diese Weise deren Gunst zu erwirken.

Aretino hatte Tizian vermutlich bereits im März 1527 am Hof von Federico Gonzaga II. in Mantua kennengelernt. Zahlreiche zeitgenössische Quellen belegen, daß Aretino eng mit Tizian und Sansovino befreundet war. Es ist anzunehmen, daß die drei einen Zirkel bildeten, in dem – vielleicht gemeinsam mit weiteren Künstlern oder Literaten – kunsttheoretische Fragen debattiert wurden.

Bibl.: Labalme 1982; Anderson 1984; Land 1994, S. 128–150; Freedman 1995; Busch 1999. Zu Aretinos Sonetten auf Tizian-Porträts siehe Kruse 1987; Kruse 2006.

76 Jacopo (d'Antonio) Sansovino (* um 1486 Florenz – † 1570 Venedig) kam 1527 nach Venedig, wo er bis zu seinem Tod blieb.

77 Das 1530 vollendete und 1867 bei einem Brand zerstörte *Martyrium des Petrus Martyr* (in der Kirche Santi Giovanni e Paolo durch eine Kopie von Johann Carl Loth ersetzt) gilt als Tizians größter Erfolg, wie die unzähligen Kopien und graphischen Reproduktionen, von denen vor allem Martino Rotas Holzschnitt zu nennen ist (z.B. Venedig, Museo Correr), und die zahlreichen zeitgenössischen Ekphrasen und Lobpreisungen bezeugen. Bevor der Auftrag an Tizian erteilt wurde, hatte die Scuola di San Pietro Martire, an deren Altar in der venezianischen Kirche Santi Giovanni e Paolo das Gemälde aufgestellt werden sollte, Quellen zufolge einen Wettbewerb ausgerufen, bei dem sich Tizian gegen Palma il Vecchio und vermutlich auch gegen Pordenone, der sich als Tizians wichtigster Konkurrent erweisen sollte, durchsetzen konnte. Paolo Pino berichtete als erster von dem Wettbewerb zwischen Tizian und Palma il Vecchio (*Dialogo della Pittura*, Venedig 1548), genau hundert Jahre später nannte Carlo Ridolfi (*Le maraviglie dell'arte*, Venedig 1648) Pordenone als weiteren Konkurrenten. Daß Tizian den Wettbewerb für sich entscheiden konnte, lag sicherlich an seiner Bildlösung, die die weitere Entwicklung des narrativ gestalteten Altarbildes maßgeblich prägen sollte. Tizians *Martyrium des Petrus Martyr* appelliert an die Affekte des Betrachters und spricht seine Sinne unmittelbar an. Erreicht wird die dramatische Wirkung des Bildes vor allem durch die extremen und komplizierten Verkürzungen bei der Figurendarstellung, die zeigen, daß Tizian sich zuvor intensiv mit der mittelitalienischen Kunst beschäftigt hat. Daß auch die Zeitgenossen das Bild vor allem wegen seiner emotionalen Wirkung auf den Betrachter schätzten, bezeugt Pietro Aretinos Brief an Tribolo vom 29. Oktober 1537 (Ed. Camesasca, Bd. I, XLIV, S. 73–74). Aretino beschreibt hier gewissermaßen die idealtypischen Reaktionen des Betrachters auf Tizians Altarbild. Angesichts des körperlichen Leids der dargestellten Figuren müsse der Betrachter geradezu aufschreien, so lebensecht habe Tizian das Inkarnat gemalt.

Bibl.: Land 1990; Kuenzi 1994; von Rosen 2001b, S. 141–203.

78 Vasari meint hier sicherlich die von Tizian im August 1538 vollendete *Schlacht von Spoleto* (oder *Schlacht von Cadore*) in der Sala del Maggior Consiglio im Dogenpalast, die beim Brand im Jahre 1577 zerstört wurde. Vorbereitende Studien Tizians (z.B. schwarze Kreide, weiß gehöht, auf blauem Papier, 38,5 x 44,5 cm, um 1537, Paris, Musée du Louvre, Cabinet des Dessins) sowie Stiche und Kopien nach dem Original geben einen Eindruck vom Aussehen des verlorenen Gemäldes und lassen vermuten, daß Tizian Michelangelos berühmten Cascina-Karton durch Nach-

zeichnungen gekannt hat und als Anregung für sein eigenes Schlachtenbild nutzte. Tizians *Schlacht von Spoleto* in der Sala del Maggior Consiglio war Teil eines umfangreichen Programms, dessen Ziel die Glorifizierung von Venedigs ruhmvoller Vergangenheit war und zugleich seine Souveränität und militärische Stärke veranschaulichen sollte.

Bibl.: Hope 1980c; Puppi/Franzolin 2010.

79 Das Fresko der *Madonna mit dem Kind, umgeben von zwei Engeln, dem Dogen Andrea Gritti, dem Heiligen Nikolaus und den vier Evangelisten* (Fresko auf Leinwand übertragen, 160 x 350 cm, um 1523, Venedig, Palazzo Ducale, Sala della Quarantia Criminale) wurde vermutlich 1523 in der nicht mehr erhaltenen Cappella di San Niccolò in der Nähe der Scala dei Giganti gemalt. 1899 wurde es abgenommen und auf Leinwand übertragen. Der Teil des Freskos mit dem Heiligen Nikolaus, den Evangelisten und dem Dogen Andrea Gritti ist allerdings verlorengegangen.

Bibl.: Wethey 1969–1975, Bd. I, Kat.-Nr. 51, S. 100.

80 Es ist nicht bekannt, um welches Mitglied der bedeutenden venezianischen Familie Contarini es sich hier handelt.

81 *Christus in Emmaus* (Öl auf Holz, 169 x 211 cm, um 1530, Lincolnshire, Brocklesby Park, Sammlung des Count of Yarborough)

82 Carlo Ridolfi hat zwei der acht zeitgenössischen Personen, die Tizian im *Tempelgang Mariens* gemalt hat (Öl auf Leinwand, 335 x 775 cm, 1534–38, *in situ*, Scuola Grande di Santa Maria della Carità, seit 1807 Teil der Gallerie dell'Accademia), als Andrea de' Franceschi und Lazzaro Crasso identifiziert (Ed. von Hadeln, Bd. I, S. 153–54). Angeregt von Ridolfis Identifizierung wurde später angenommen, daß die weiteren Porträts unter anderem Pietro Bembo, Pietro Aretino, Tizian und dessen Tochter Lavinia zeigen. Allerdings erscheint es angesichts der zeitgenössischen Praxis wahrscheinlicher, daß Tizian in dem Gemälde die wichtigsten Mitglieder der Scuola Grande di Santa Maria della Carità dargestellt hat.

Der Tempelgang Mariens steht in der Tradition großformatiger, narrativer Gemälde, welche für die Ausstattung der *scuole* gemalt wurden. Die bisweilen auf das Mittelalter zurückgehenden Laienbruderschaften, die sich vor allem karitativen Aufgaben widmeten, waren ein wesentlicher Bestandteil des sozialen Gefüges von Venedig.

Bibl.: Rosand 1997 (1982), S. 62–106.

83 Cornelis Cort hat von dem *Heiligen Hieronymus* in der Scuola di San Fantin einen Stich angefertigt (32 x 26,5 cm, Amsterdam, Rijksmuseum, Rijksprentenkabinet).

84 Karl V. (* 1500 Gent – † 1558 beim Kloster San Jerónimo de Yuste, Extremadura) war seit 1516 König von Spanien. 1519 wurde er zum Kaiser gewählt. Die Krönung durch Papst Clemens VII. zum Kaiser des Heili-

gen Römischen Reichs Deutscher Nation fand 1530 statt. Zwei Jahre vor seinem Tod dankte Karl V. ab und zog sich auf seinen Landsitz in der Extremadura zurück, der sich in unmittelbarer Nähe zum Kloster San Jerónimo de Yuste befand.

85 Karl V. hielt sich von Oktober 1529 bis März 1530 in Bologna auf. Am 24. Februar 1530 wurde er von Papst Clemens VII. zum Kaiser des Heiligen Römischen Reichs Deutscher Nation gekrönt.

86 Der illegitime Sohn Giuliano de' Medicis, Ippolito de' Medici (* 1511 Urbino – † 1535 Itri), sollte zunächst, nach den Plänen der Medici-Päpste Leo X. und Clemens VII., das zukünftige Oberhaupt der Familie werden. Er wurde jedoch 1529 zum Kardinal ernannt und Alessandro de' Medici, dessen Gegner Ippolito wurde, erhielt das Herzogtum Florenz. Ippolito de' Medici stand in engem Kontakt zu Michelangelo und Pietro Aretino. Giorgio Vasari verewigte ihn in seiner Autobiographie als seinen ersten Auftraggeber und erwähnte ihn zudem mehrfach in den *Vite* als großzügigen Förderer der Künste.

87 Vermutlich fand die erste Begegnung zwischen Tizian und Kaiser Karl V. bereits 1529 durch die Vermittlung von Federico II. Gonzaga statt, der den Künstler an den damals in Parma weilenden kaiserlichen Hof mitnahm, damit dieser ein Porträt Karls V. malen konnte, welches jedoch wahrscheinlich nicht angefertigt worden ist. Als Karl V. im Jahre 1529 anläßlich seiner bevorstehenden Kaiserkrönung nach Italien reiste, suchten viele italienische Herrscher unter anderem durch wertvolle Geschenke seine Gunst zu erlangen, standen sie doch bisweilen in einem Abhängigkeitsverhältnis zu ihm.

Das von Vasari erwähnte, nicht mehr erhaltene *Bildnis des Kaisers in Rüstung* ist durch eine Kopie von Rubens (England, Privatsammlung) überliefert. Es ist umstritten, ob das Porträt 1530 in Bologna, 1532 in Mantua oder 1533 in Bologna entstanden ist.

Bibl.: Hope 1980b, S. 68, 76–77; Wethey 1980.

88 Alfonso Lombardi (* um 1497 Ferrara – † 1537 Bologna)

89 Einem erhaltenen Dokument zufolge ereignete sich das Zusammentreffen zwischen Tizian und Alfonso Lombardi nicht während der Krönungsfeierlichkeiten 1530, sondern während Karls V. zweitem Aufenthalt in Bologna im Winter 1532–33. Ebenfalls aus erhaltenen Quellen kann geschlossen werden, daß Alfonso Lombardi maximal vier Marmorbüsten von Karl V. für verschiedene Auftraggeber gefertigt hat. Während der Auftraggeber der ersten der Kaiser selbst war, wurden die weiteren Marmorbüsten von Alessandro de' Medici, Federico Gonzaga und Ippolito de' Medici in Auftrag gegeben. Letztere schenkte Lombardi nach dem Tod Ippolitos Alessandro de' Medici. Da

die Marmorbüsten im Besitz von Alessandro de' Medici jedoch möglicherweise identisch sind, ist es durchaus denkbar, daß Alfonso Lombardi insgesamt nur drei Büsten von Karl V. gearbeitet hat. Es hat sich lediglich eine Lombardi und seiner Werkstatt zugeschriebene Marmorbüste erhalten (Paris, Musée Jacquemart-André), deren Auftraggeber allerdings nicht identifiziert ist. Der Auftrag für die Marmorbüste für Karl V. könnte von Ippolito de' Medici vermittelt worden sein oder auf den Kaiser selbst zurückgehen, der Alfonso Lombardis Werke aus Bologna, wo seine Krönung stattgefunden hatte, gekannt haben könnte.

Bibl.: Gramaccini 1980, S. 70–71.

90 Pordenone malte das Altarbild mit den *Heiligen Katharina, Rochus und Sebastian* (Öl auf Leinwand, 179 x 114 cm, *in situ*, Venedig, San Giovanni Elemosinario) um 1532 bis 1533 für den Altar der Familie Corrieri in San Giovanni Elemosinario. Da Tizians Hauptaltarbild mit der Darstellung des *Heiligen Johannes Elemosynarius* (Öl auf Leinwand, 229 x 156 cm, *in situ*, Venedig, San Giovanni Elemosinario) für die gleiche Kirche heute gemeinhin um 1540–50 datiert wird, ist es möglich, daß Vasari hier einen fiktiven Wettstreit zwischen Pordenone und Tizian konstruierte, der bereits seit 1525 zwischen beiden Künstlern bestand, als laut Carlo Ridolfi Tizian und Pordenone an dem Wettbewerb um die Vergabe des *Martyriums des Petrus Martyr* für Santi Giovanni e Paolo teilnahmen.

In der Vita des Pordenone, die vom Thema der Konkurrenz zwischen Künstlern – besonders zwischen Tizian und Pordenone – dominiert wird, schreibt Vasari ebenfalls, daß dieser das Bild gemalt habe, um sich mit Tizian zu messen (*Vita di Giovanni Antonio Licinio da Pordenone e d'altri pittori del Friuli 1568*, in: Bettarini/Barocchi, *Vite*, Bd. IV, S. 424–437). Spätestens nachdem der aus dem Friaul stammende Pordenone 1535 nach Venedig übergesiedelt war, avancierte er zum wichtigsten Rivalen Tizians auf venezianischem Territorium, wo er bedeutende öffentliche Aufträge erhielt. Zu den herausragenden Leistungen Pordenones, die zu seinem Erfolg in Venedig geführt haben dürften, zählten neben den häufig von ihm gemalten komplizierten Verkürzungen von Figuren, die von der mittelitalienischen Kunst beeinflußt waren, sein Talent als Freskenmaler sowie seine Fähigkeit, Bildwerke in diesem Medium innerhalb kürzester Zeit auszuführen, was von Vasari hoch gelobt wird.

Die Konkurrenz zwischen Künstlern ist ein in den *Vite* immer wiederkehrender Grundgedanke, der eng mit Vasaris Idee von der Fortentwicklung der Künste verknüpft ist. Laut Vasari habe der Wettstreit zwischen Künstlern nicht nur negative Auswirkungen wie Neid und Mißgunst, sondern sporne die Künstler auch dazu an, ihre Werke stetig zu verbessern.

Bibl.: Kat. Il Pordenone 1984, Kat.-Nr. 2.40, S. 138–139 (Caterina Furlan); Furlan 1988, S. 231–232; Basso 1994; Cohen 1996, Bd. II, Kat.-Nr. 64, S. 670–672. Zum Thema der Konkurrenz zwischen Künstlern bei Vasari siehe Clifton 1996.

91 Die *Verkündigung* für den Hauptaltar von Santa Maria degli Angeli auf Murano wurde schließlich auf dem Hochaltar der Kapelle des Schlosses von Aranjuez aufgestellt, wo sie vermutlich 1814 während des spanischen Unabhängigkeitskriegs zerstört wurde. Das Aussehen der *Verkündigung* ist durch einen 1537 von Gian Jacopo Caraglio angefertigten Stich überliefert, der sicherlich von Tizian in Auftrag gegeben worden war (z.B. Glasgow University, Hunterian Art Gallery). Die Nonnen von Santa Maria degli Angeli hatten 1536 Tizians Verkündigungsbild, welches sie zuvor bei ihm in Auftrag gegeben hatten, als zu teuer abgelehnt und entschieden sich statt dessen für das Verkündigungsbild des Tizian-Konkurrenten Pordenone. Auf den Rat seines Freundes Aretino hin sandte Tizian das Gemälde daraufhin wahrscheinlich an Isabella, die Frau Karls V., wie aus einem Brief Aretinos an Tizian vom 9. November 1537 hervorgeht (Ed. Camesasca, Bd. I, XLVIII, S. 78–79). Tizian hat im Laufe seines Lebens zahlreiche Versionen des Verkündigungsthemas gemalt, deren Erfolg – wie der anderer Gemälde des Künstlers – er vor allem der Propagierung durch Aretino verdankt. Mit seinen sicherlich von Beginn an zur Publikation bestimmten Briefen schuf Aretino nicht nur ein Medium, mit dem er Tizians Bilder auch Menschen vorstellen konnte, die das Original niemals sehen würden. Diese stellten zugleich eine Möglichkeit für ihn dar, durch die Beschreibung der Gemälde sein eigenes literarisches Können unter Beweis zu stellen.

Bibl.: Pfisterer 2002, S. 11–20.

92 *Verkündigung* (Öl auf Leinwand, 467 x 285 cm, *in situ*, Murano, Santa Maria degli Angeli)

93 Papst Clemens VII., früher Giulio de' Medici (* 1478 Florenz – † 1534 Rom, Papst seit 1523), war ein illegitimer Sohn Giuliano de' Medicis. Er war einer der bedeutendsten Auftraggeber seiner Zeit und stand in engem Kontakt zu Literaten wie Baldassare Castiglione und Paolo Giovio. Während des ›Sacco di Roma‹ im Mai 1527 suchte Clemens VII. zunächst Schutz im Castel Sant'Angelo und floh danach ins Exil nach Orvieto und später nach Viterbo. Im Oktober 1528 kehrte er nach Rom zurück. Sein Pontifikat war jedoch nicht nur von diesem folgenschweren Ereignis geprägt, sondern auch von der Ausbreitung des Protestantismus, dem er – so seine Kritiker – durch umfassende kirchliche Reformen hätte begegnen sollen.

Bibl.: Reiss 1998–1999.

94 Tizian und Karl trafen sich im Januar 1533 in Bologna, wo das Bildnis *Karls V. mit Hund* (Öl auf Leinwand, 192 x 111 cm, 1533, Madrid, Museo Nacional del Prado) nach einem von Jacob Seisenegger gemalten Porträt (Öl auf Leinwand, 205 x 123 cm, 1532, Wien, Kunsthistorisches Museum) entstanden sein könnte. Seiseneggers Porträt des Kaisers war einige Monate zuvor für Ferdinand von Österreich gemalt worden. Daß ein berühmter Künstler wie Tizian einen heute weniger bekannten wie Seisenegger kopiert haben soll, hat viele Kunsthistoriker lange irritiert, so daß viele annahmen, Tizians Porträt sei zuerst entstanden oder der Kaiser hätte beiden Künstlern zeitgleich Modell gestanden. Sowohl erhaltene Dokumente als auch eine technische Untersuchung der Bilder sprechen jedoch dafür, daß Tizian eine Kopie nach Seisenegger gemalt hat, die zwar eng an dem Original bleibt, aber dennoch ein eigenständiges Kunstwerk ist, das dem Dargestellten durch kleine Änderungen ein anderes Aussehen verleiht. Es war damals nicht ungewöhnlich, Porträts nach bereits vorhandenen Vorlagen zu malen, wie nicht zuletzt auch Tizians Bildnis von König Franz I. beweist, das er nach einer Porträtmedaille Benvenuto Cellinis malen mußte, da er den französischen König selbst nie gesehen hatte.

Bibl.: Wethey 1980; Kat. Tiziano 2003, Kat.-Nr. 18, S. 178–179 (Miguel Falomir). Zum Porträt Seiseneggers siehe Matthews 2001; Ferino-Pagden 2005.

95 Ippolito de' Medici verließ Rom im Sommer des Jahres 1532, um sich im verbündeten Ungarn den kaiserlichen Truppen im Kampf gegen die Türken anzuschließen. Tizians Bildnis, das Ippolito in ungarischer Tracht zeigt, entstand vermutlich kurze Zeit nach der Rückkehr Ippolitos (Öl auf Leinwand, 139 x 107 cm, um 1532–1533, Florenz, Palazzo Pitti, Galleria Palatina). Das zweite von Vasari erwähnte Bildnis Ippolitos ist wahrscheinlich nicht erhalten.

96 Cosimo I. de' Medici (* 1519 Florenz – † 1574 Castello), Sohn von Giovanni delle Bande Nere und Maria Salviati, der seit 1537 Herzog und ab 1569 Großherzog der Toskana war. Vasari widmete ihm beide Editionen seiner *Vite*.

97 Alfonso d'Avalos (* 1502 Ischia – † 1546 Vigevano), Markgraf von Vasto und Pescara, war Kommandant der kaiserlichen Truppen in Italien und Ungarn. 1538 wurde er von Kaiser Karl V. zum Gouverneur von Mailand ernannt. Wie von Vasari berichtet, malte Tizian das Bildnis des Heerführers vermutlich 1533 in Bologna (Öl auf Leinwand, 110 x 84 cm, Los Angeles, J. Paul Getty Museum). Es zeigt Alfonso d'Avalos in prachtvoller Rüstung, auf der eine Halskette mit dem Goldenen Vlies aufliegt. Diesen Orden hatte Avalos ein Jahr zuvor erhalten.

Bibl.: Pedrocco 2000, Kat.-Nr. 93, S. 154.

98 Das von Vasari hier erwähnte Bildnis Aretinos, welches Tizian 1533 gemalt haben soll, ist möglicherweise verloren.

99 Der Sohn von Isabella d'Este und Francesco II. Gonzaga, Federico II. Gonzaga (* 1502 Mantua – † 1540 ebenda), wurde nach dem Tod seines Vaters im Jahre 1519 Markgraf von Mantua. Während des Krieges zwischen Karl V. und dem französischen König Franz I., der in Italien ausgetragen wurde, gewährte Federico dem Kaiser in der Schlacht um Pavia militärische Hilfe. 1530 wurde er von Karl V. zum Herzog von Mantua erhoben. Zu seinen Verdiensten als Auftraggeber gehört neben den Aufträgen an Tizian die Berufung Giulio Romanos zu seinem Hofkünstler im Jahre 1524. Giulio Romano erbaute für Federico II. Gonzaga den Palazzo del Te (1527–1534) und stattete diesen mit zahlreichen Fresken aus.

Bibl.: Zum Verhältnis zwischen Tizian und Federico II. Gonzaga siehe Bodart 1998; Zeitz 2000.

100 Das erste Zusammentreffen zwischen Federico und Tizian fand vermutlich 1523 statt, als der Herzog den Künstler nach Mantua einlud. Tizian brach allerdings schon kurz nach seiner Ankunft in Mantua, wo er wahrscheinlich ein nicht mehr erhaltenes Porträt von Federico II. malte, nach Ferrara an den Hof Alfonso d'Estes auf. Aus erhaltenen Dokumenten geht hervor, daß Tizian und Aretino sich vermutlich schon 1523 während Tizians Aufenthalt in Mantua kennenlernten und nicht erst 1527 in Venedig, wie lange angenommen wurde. Nachdem Federico II. Giulio Romano 1524 zu seinem Hofkünstler ernannt hatte, ergingen zunächst keine weiteren Aufträge an Tizian. Diese stellten sich erst wieder ein, nachdem Tizian 1527 die Porträts von Girolamo Adorno, einem bereits verstorbenen Freund des Herzogs, und von Aretino, dessen Sonette den Bildern beigefügt waren, an den Herzog gesandt hatte, wodurch Tizian und Aretino auf ihre künstlerischen oder dichterischen Fähigkeiten aufmerksam machen konnten.

Bibl.: Zeitz 2000, S. 16–31.

101 Vasari meint hier vermutlich das Porträt von *Federico II. Gonzaga* in Madrid (Öl auf Holz, 125 x 99 cm, 1529, Museo Nacional del Prado, Signatur: TICIANVS F.), das für den Herzog der Anstoß gewesen zu sein scheint, mit Tizian im Oktober 1529 nach Parma zu fahren, wo dieser ein Porträt Kaiser Karls V. malen sollte. In einem Dokument vom 16. April 1529 wird erstmals ein Bildnis Federicos von der Hand Tizians erwähnt. Der Herzog von Mantua hatte hier seinen Onkel, Alfonso d'Este, dafür um Entschuldigung gebeten, daß er Tizian zu lange in Mantua festhalte, denn dieser habe ein Porträt von ihm angefangen, von dem er wünsche,

daß es bald fertiggestellt würde. Dieses Bildnis wird gemeinhin mit dem Madrider Gemälde identifiziert, in dem der Herzog in prächtiger Kleidung wiedergegeben wird, die unverhohlen seinen Reichtum zum Ausdruck bringt. Möglicherweise entstand das Porträt im Zusammenhang mit den Heiratsplänen Federicos, der 1531 schließlich Margherita Paleologa heiratete, die Erbin der Markgrafschaft Monferrato.

Bibl.: Hope 1980b, S. 68; Bodart 1998, S. 196; Zeitz 2000, S. 32–36; Kat. Tiziano 2003, Kat.-Nr. 14, S. 170–171 (Miguel Falomir).

102 Nachdem seine Mutter Isabella d'Este ihren Einfluß geltend gemacht hatte, wurde Ercole Gonzaga (* 1505 Mantua – † 1563 Trient) 1526 zum Kardinal von Mantua erhoben. Sein von Tizian gemaltes Bildnis gilt als nicht erhalten.

103 Eigentlich Giulio Pippi, genannt Giulio Romano (* um 1492–1499 Rom – † 1546 Mantua)

104 Tizian malte von 1536 bis 1540 elf Büstenporträts römischer Kaiser für den Camerino de' Cesari, einen Raum im Palazzo Ducale in Mantua, der von Giulio Romano entworfen worden war. Die nach antiken Münzen und Büsten entstandenen Cäsarenporträts wurden wahrscheinlich 1540 im Camerino vollständig aufgestellt. Darunter hingen Gemälde Giulio Romanos mit Szenen aus den Kaiserviten. Entgegen den Angaben Vasaris wurde das zwölfte Porträt nicht von Tizian, sondern 1562 von Bernardino Campi gemalt. Tizians Büstenporträts gingen 1734 bei einem Brand im Alcazar von Madrid verloren. Ihr Aussehen ist durch Ippolito Andreasis aquarellierte Federzeichnungen (um 1568, Düsseldorf, Kunstmuseum) und Aegidius Sadelers II. Kupferstiche (1593/94) bekannt, wobei sich letztere weniger eng an das Original halten. Die Wahl des imperialen Themas (die Kaiserviten waren durch Suetons Lebensbeschreibungen bekannt) steht vermutlich in engem Zusammenhang mit Federico II. Gonzagas Verhältnis zu Kaiser Karl V., welches von Abhängigkeit geprägt war. In erster Linie dienten die Kaiserporträts jedoch der Selbstinszenierung des Herzogs.

Bibl.: Zeitz 2000, S. 59–103.

105 *Madonna mit dem Kind, dem Heiligen Andreas, dem Heiligen Tizian und Tizian als Stifter* (Öl auf Leinwand, 102,3 x 137 cm, um 1565, *in situ*, Pieve di Cadore, Chiesa Arcidiaconale)

Bibl.: Kat. Tiziano 1990, Kat.-Nr. 65, S. 340–341.

106 Papst Paul III., der frühere Alessandro Farnese (* 1468 Canino bei Viterbo – † 1549 Rom, Papst seit 1534), erhielt eine humanistische Ausbildung an der Universität von Pisa und am Hofe Lorenzo de' Medicis, wo er in Kontakt zu den Gelehrten Angelo Poliziano, Marsilio Ficino, Pico della Mirandola und Cristoforo Landino stand. Möglicherweise

lernte er dort auch Michelangelo kennen. Um die Macht der Farnese zu stärken, vergab er wichtige Ämter meist an Familienmitglieder.

[107] Bei dem ersten Porträt handelt es sich um das Bildnis von *Papst Paul III.* in Neapel (Öl auf Leinwand, 113,7 x 88,8 cm, 1543, Museo e Gallerie Nazionali di Capodimonte), welches wahrscheinlich im April oder Anfang Mai 1543 gemalt wurde, als der Papst sich in Bologna aufhielt, nachdem er am 22. Februar in Ferrara eingezogen war. Der Papst wird hier ohne seine Kopfbedeckung, die *biretta*, dargestellt, um so seine Demut und Bescheidenheit veranschaulichen zu können. Das zweite Gemälde für den Kardinal von Santa Fiore ist nicht erhalten. Guido di Ascanio Sforza (* 1518 – † 1564) wurde nach seinem Vater, Bosio di Santa Fiore, Kardinal von Santa Fiore genannt.

Bibl.: Zum *Bildnis Papst Paul III.* siehe Kat. Tiziano 2003, Kat.-Nr. 23, S. 194–195 (David Jaffé).

[108] Gemeint ist Alessandro Farnese (* 1520 Valentano bei Viterbo – † 1589 Rom), der bereits im Alter von 14 Jahren von seinem Großvater Papst Paul III. zum Kardinal erhoben und 1535 auf Lebenszeit zum Vizekanzler der Kirche ernannt wurde. Er zählt zu den bedeutendsten Auftraggebern und Sammlern des 16. Jahrhunderts. 1546 freskierte Vasari für ihn im Repräsentationssaal des Palazzo della Cancelleria, dem Sitz des Vizekanzlers, vier Fresken mit den Taten Pauls III. (Sala dei Cento Giorni). Laut Vasaris Autobiographie soll der Kardinal ihm im selben Jahr vorgeschlagen haben, Paolo Giovio bei dessen Projekt einer Sammlung von Künstlerviten zu helfen, woraufhin Giovio Vasari dazu anregte, die Viten allein zu verfassen. Vasari räumte auf diese Weise der Familie Farnese eine bedeutende Rolle in der Entstehungsgeschichte der *Vite* ein. Zu den wichtigsten Architekturaufträgen des Kardinals zählen die Villa Farnese in Caprarola und die Kirche Il Gesù in Rom. Alessandro Farnese erweiterte zudem die bedeutende Antikensammlung seiner Familie, welche maßgeblich von dem Antiquar Fulvio Orsini betreut wurde.

Bibl.: Riebesell 1989; Robertson 1992.

[109] *Francesco Maria I. della Rovere* (Öl auf Leinwand, 114 x 103 cm, um 1536–38, Florenz, Uffizien). Pietro Aretino sandte das von Vasari erwähnte Sonett zusammen mit einem weiteren Gedicht über Tizians Porträt der Eleonora Gonzaga, der Gemahlin della Roveres, in einem Brief vom 7. November 1537 an die Dichterin Veronica Gambara, die Aretino zuvor um ein Sonett gebeten hatte (Ed. Camesasca, Bd. I, XLVII, S. 77– 78). In dem Porträtsonett stellt Aretino Tizian über Apelles, da Tizian dazu fähig sei, nicht nur die äußere Erscheinung des Dargestellten vollendet wiederzugeben, sondern auch dessen geistige und moralische Qualitäten, was dem berühmten antiken Maler beim Bildnis

des Alexander nicht gelungen sei. Der Vergleich zwischen Tizian und Apelles war ein beliebter Topos in Pietro Aretinos Sonetten auf Tizians Bildnisse. Francesco Maria I. della Rovere, Herzog von Urbino (* 1490 Senigallia – † 1538 Pesaro), war vom kinderlos gebliebenen Guidobaldo I. da Montefeltro, Herzog von Urbino, adoptiert worden, damit das Herzogtum nicht an den Papst fallen konnte.

Bibl.: Wethey 1969–1975, Bd. II, Kat.-Nr. 89, S. 135–136. Zu Pietro Aretinos Sonett siehe Kruse 1987.

110 Möglicherweise handelt es sich bei dem ersten Frauenporträt um das Bildnis der *Giulia Varano della Rovere* (Holz, 113 x 87 cm, Florenz, Palazzo Pitti, Galleria Palatina), die 1534 Guidobaldo II. della Rovere heiratete und die kurz vor ihrem Tod im Februar 1547 von Tizian gemalt worden sein soll. Die Zuschreibung des Florentiner Porträts an Tizian ist allerdings umstritten. Vasari könnte hier aber auch das Porträt der *Eleonora Gonzaga* (Öl auf Leinwand, 114 x 103 cm, um 1536–1538, Florenz, Uffizien) gemeint haben.

Das zweite von Vasari erwähnte Bild wurde mit der sogenannten *Bella* (Öl auf Leinwand, 100 x 75 cm, 1536, Florenz, Palazzo Pitti, Galleria Palatina) identifiziert, die einer Gruppe sinnlicher Idealporträts von heute unbekannten Frauen angehört. Es ist umstritten, ob es sich um Porträts bekannter ›ehrbarer‹ Frauen oder um Kurtisanenbildnisse handelt, ob sie philosophische Konzepte visualisieren oder erotische Bedürfnisse befriedigen. Die Identität der *Bella*, die 1536 von Francesco Maria della Rovere für seine Kunstsammlung angekauft wurde, war bereits im 16. Jahrhundert nicht bekannt oder man wollte sie bewußt nicht preisgeben, wie ein Briefwechsel della Roveres mit seinem Gesandten Leopardi zeigt, in dem die Porträtierte lediglich als »quella donna« bezeichnet wird. Auffällig ist jedoch ihre Ähnlichkeit mit der Frauengestalt in Tizians *Venus von Urbino*, die vermuten läßt, daß es sich hier um ein und dasselbe Modell handelt.

Die Ambivalenz der *Bella* manifestiert sich vor allem in dem Kontrast zwischen dem prächtigen Kleid und der kunstvollen Frisur, die der Dargestellten das Aussehen einer *donna di palazzo* (der idealen Hofdame nach Baldassare Castiglione) geben, und den erotisch konnotierten Details wie der herunterhängenden Haarsträhne, die für eine ›ehrbare‹ Hofdame undenkbar gewesen sein dürfte. Die sogenannten *bella-donna*-Bilder, die in Venedig besonders von Tizian mehrfach gemalt wurden, stellen möglicherweise nicht nur die ideale Schönheit der Frau dar, sondern wurden auch als Metapher für die Schönheit der Malerei verstanden.

Bibl.: Zum Porträt der *Giulia Varano della Rovere* siehe Wethey 1969–1975, Bd. II, Kat.-Nr. 90, S. 136. Zur *Bella* siehe Bohde 2002, S. 99–

125; zu den *belle donne* siehe Cropper 1987; Junkerman 1988; Simons 1995.

111 Gemeint ist die sogenannte *Venus von Urbino* (Öl auf Leinwand, 119 x 165 cm, 1538, Florenz, Uffizien), die Guidobaldo II. della Rovere, Herzog von Urbino, von Tizian für seine Sammlung kaufte. Ob er sie auch bei ihm bestellt hatte, ist nicht genau bekannt. Ihre Deutung ist höchst umstritten: So wird bisweilen daran gezweifelt, daß in dem Gemälde überhaupt eine Venus dargestellt sei, vor allem weil sich in den frühen Dokumenten lediglich die Bezeichnung »donna nuda« findet und daher angenommen wird, daß das Bild – einem ›*Pin-up*‹ gleich – lediglich die erotischen Bedürfnisse des Betrachters befriedige. Daneben wurde die These aufgestellt, daß Tizians Bild in der Tradition der Gattung des mythologisch-allegorischen Hochzeitsbildes steht, welches allerdings in Venedig kaum vertreten war. Beiden Deutungsversuchen ist gemein, daß sie die *Venus von Urbino* auf nur eine Sinnschicht reduzieren.

In einem Brief Guidobaldos II. della Rovere an den Botschafter Urbinos in Venedig, Gian Giacomo Leonardi, vom 9. März 1538 wird das Gemälde vermutlich zum ersten Mal erwähnt. Der Herzog erkundigt sich hier nach zwei Werken Tizians, wovon er eines »donna nuda« nennt und damit sicherlich die *Venus von Urbino* meint. Die Identifizierung der Dargestellten als Venus könnte auf Vasari zurückgehen, der das Bild 1548 in der *guardaroba* des Herzogs von Urbino gesehen hatte. Jedenfalls steht Tizians Gemälde eindeutig in der Tradition der Venusdarstellung, wie vor allem ein Vergleich mit Giorgiones Venusbild (Öl auf Leinwand, 108 x 175 cm, um 1510, Dresden, Staatliche Kunstsammlungen, Gemäldegalerie Alte Meister) zeigt, welches Tizian möglicherweise selbst vollendet hat. Im Unterschied zu Giorgione liegt die Dargestellte allerdings in einem zeitgenössischen Interieur und blickt den Betrachter direkt an.

Bibl.: Hope 1980a; Arasse 1986; Pardo 1993; Goffen 1997; Bohde 2002, S. 127–148; Kat. Tiziano 2003, Kat.-Nr. 19, S. 184–185 (Miguel Falomir).

112 Die *Büßende Heilige Magdalena* (Öl auf Holz, 84 x 69,2 cm, um 1530–1535, Florenz, Palazzo Pitti, Galleria Palatina) könnte ursprünglich im Jahre 1531 von Vittoria Colonna bei Tizian in Auftrag gegeben und später Eleonora Gonzaga della Rovere geschenkt worden sein. Das Gemälde gelangte 1631 als Teil der Mitgift von Vittoria della Rovere, einer Nachfahrin von Eleonora Gonzaga della Rovere, in den Besitz der Medici. Da die Heilige Magdalena besonders von Witwen verehrt wurde, sandte Vittoria möglicherweise das Bild ihrer Freundin Eleonora, nachdem deren Mann, Francesco Maria della Rovere, im Jahre 1538 verstorben war. Vasari sah Tizians Gemälde vermutlich, während er sich 1548 am Hof

von Eleonoras Sohn, Guidobaldo della Rovere, in Urbino aufhielt. Das Bild im Palazzo Pitti gilt als das erste einer langen Reihe von Magdalenenbildern, die Tizian während mehrerer Jahrzehnte gemalt hat.

Bibl.: Och 2001.

113 Das Porträt von Karl V. in der *guardaroba* des Herzogs von Urbino gilt als nicht erhalten.

114 Hierbei könnte es sich um das Porträt von Franz I. in der Osloer Sammlung Semcesen handeln, welches eine Replik des Louvre-Bildnisses ist, das Aretino 1539 dem französischen König als Geschenk zusandte (Öl auf Leinwand, 109 x 89 cm, um 1539, Paris, Musée du Louvre) und auf einer Porträtmedaille Benvenuto Cellinis basiert.

Bibl.: Wethey 1969–1975, Bd. II, Kat.-Nr. 37, S. 102.

115 Das hier von Vasari erwähnte Porträt des Herzogs Guidobaldo II. ist vermutlich nicht mehr erhalten. Guidobaldo II. della Rovere, Herzog von Urbino (* 1514 Urbino – † 1574 Pesaro), war wie bereits sein Vater, Francesco Maria I. della Rovere, ein wichtiger Auftraggeber Tizians.

116 Die Zuschreibung des Porträts von *Papst Sixtus IV.* (Öl auf Leinwand, 110 x 90 cm, Florenz, Uffizien), welches vermutlich nach einem Fresko Melozzo da Forlìs (heute in Rom, Pinacoteca Vaticana) gemalt wurde, an Tizian ist umstritten. Der frühere Francesco della Rovere (* 1414 Celle nahe Savona – † 1484 Rom, Papst seit 1471) veranlaßte den Bau und die Ausstattung der nach ihm benannten Sixtinischen Kapelle (1477–1486).

Bibl.: Wethey 1969–1975, Bd. II, Kat.-Nr. 97, S. 140.

117 Tizian wurde 1545 während seines Rom-Aufenthaltes vermutlich von den della Rovere beauftragt, Raffaels Porträt von Papst Julius II. (* 1443 Albissola – † 1513 Rom, Papst seit 1503; Raffael: *Papst Julius II.*, Öl auf Holz, 108 x 80,7 cm, 1512, London, National Gallery) zu kopieren (*Papst Julius II.*, Öl auf Holz, 99 x 82 cm, 1545–46, Florenz, Palazzo Pitti, Galleria Palatina). Raffaels Julius-Porträt befand sich zu jener Zeit in Santa Maria del Popolo.

Bibl.: Wethey 1969–1975, Bd. II, Kat.-Nr. 55, S. 112–113.

118 Dieses Porträt von Papst Paul III. ist vermutlich nicht erhalten.

119 Das Porträt des Kardinals von Lothringen (* 1498 – † 1550) ist wahrscheinlich verloren.

120 Die Porträts von Sultan Süleyman, die Tizian gemalt hat, sind vermutlich alle verloren. 1631 wird ein Bildnis in den Inventaren der Sammlungen von Urbino erwähnt. Süleyman II. (nach türkischer Zählung I.), der Große oder der Prächtige genannt (* 1494 – † 1566), war einer der bedeutendsten Herrscher seiner Zeit und trat sowohl als Feldherr wie auch als Förderer der Literatur und der Architektur hervor. Unter seiner Herrschaft kam es zu zahlreichen wichtigen Eroberungen:

1526 Sieg über die Ungarn und 1529 Vorstoß bis kurz vor Wien.

Bibl.: Guthmüller/Kühlmann 2000.

121 Vermutlich hat Vasari in der Sammlung des Herzogs von Urbino jenes antike Bildnis des karthagischen Feldherrn Hannibal (*247/246 v. Chr. – † 183 v. Chr. Libissa) gesehen, das Tizian als Vorlage für sein Porträt des Karthagers gedient hat, welches in einem Brief des Herzogs von Urbino vom 23. März 1534 erwähnt wird und mit dem Bildnis eines Kriegers in einer New Yorker Privatsammlung identifiziert worden ist.

122 Donatellos (* 1386 oder 1387 Florenz – † 1466 ebenda) Marmorkopf ist nicht identifiziert oder nicht erhalten.

123 Das aus dem Augustinerkloster Santo Spirito in Isola stammende Altarbild mit der Darstellung des *Pfingstwunders* (Öl auf Leinwand, 570 x 260 cm, um 1529–45, Venedig, Santa Maria della Salute) wurde 1656 aus der Kirche des Klosters entfernt. Es war 1529 für den Hochaltar in Auftrag gegeben worden. Nachdem Tizian einige Zeit daran gearbeitet hatte, ließ er davon ab und nahm die Arbeit erst 1541 wieder auf, nachdem er mehrfach von seinen Auftraggebern dazu aufgefordert worden war.

Bibl.: Pedrocco 2000, Kat.-Nr. 150, S. 203.

124 Auftraggeber des 1522 vollendeten Altarbildes (Öl auf Holz, 278 x 122 cm, *in situ*, Brescia, Santi Nazzaro e Celso) war der päpstliche Legat Kardinal Altobello Averoldi. Zeitweise dachte Tizian daran, die Tafel mit dem Heiligen Sebastian an Alfonso d'Este zu verkaufen und diese im Altarbild durch eine Replik zu ersetzen. Dazu angeregt wurde er 1520 von dem Ferrareser Botschafter Jacopo Tebaldi, der Alfonso berichtet hatte, daß viele Menschen von dem Heiligen Sebastian als ein wunderschönes Bild sprächen und daß Tizian es selbst für sein bestes Werk halte. Alfonso wollte das Bild dann aber doch nicht kaufen, vermutlich weil er eine Konfrontation mit Averoldi fürchtete.

Für die Darstellung des Sebastian griff Tizian auf Michelangelos *Sklaven* in Paris (Louvre) zurück, deren Aussehen Tizian wahrscheinlich durch Zeichnungen kannte. Derartige Zitate, damals keinesfalls als Plagiat diffamiert, boten Tizian die Möglichkeit, unter Beweis zu stellen, daß er die zeitgenössischen Kunstströmungen kannte und sie einer eigenen Komposition anverwandeln konnte.

Bibl.: Hope 1980b, S. 48–50; Lucchesi Ragni/Agosti 1991.

125 *Himmelfahrt Mariens* (Öl auf Leinwand, 394 x 222 cm, um 1535, *in situ*, Verona, Kathedrale)

Bibl.: Wethey 1969–1975, Bd. I, Kat.-Nr. 15, S. 76.

126 Diego Hurtado de Mendoza (* um 1506 – † 1575) durchlief eine lange diplomatische Karriere im Dienste Kaiser Karls V., die ihn 1537

nach England, 1539–1546 nach Venedig und 1547 an den päpstlichen Hof führte. Nachdem er aber Siena als Gouverneur (1548–1552) nicht im Machtbereich des Kaisers halten konnte, fiel er bei Karl V. in Ungnade und kehrte nach Spanien zurück, wo er sich vorwiegend der Literatur widmete.

Das um 1540 von Tizian gemalte Bildnis des Don Diego Hurtado de Mendoza ist nicht erhalten. Pietro Aretino hatte ihm ein Sonett gewidmet, welches einem Brief vom 16. August 1540 an Marcantonio d'Urbino beigefügt war (Ed. Camesasca, Bd. I, XCVI, S. 155–156). Auch Alessandro Piccolomini schrieb ein Sonett über das Gemälde (*Cento sonetti*, Rom 1549).

Bibl.: Wethey 1969–1975, Bd. I, Kat.-Nr. L–19, S. 199–200.

[127] Hierbei handelt es sich um Cristoforo Madruzzo, Kardinal und Bischof von Trient (* 1511 Trient – † 1577) der einer adligen Tridentiner Familie entstammte. Während des Konzils in Trient (1545–1563) war er auf seiten Kaiser Karls V., der ihn 1556 zum Gouverneur von Mailand ernannte. Sein Bildnis befindet sich in Brasilien (Öl auf Leinwand, 210 x 109 cm, 1542, São Paulo, Museu de Arte, Inschrift: ANNO MDLII AETATIS/SUAE XXXVIII, Signatur: TITIANVS FECIT). Da sowohl auf der Uhr als auch in der gemalten Inschrift das Datum 1552 gegeben ist, nahm man bisweilen an, daß das Porträt zu diesem Zeitpunkt entstanden sein könnte. Beides wurde jedoch höchstwahrscheinlich nicht von Tizian gemalt, sondern später hinzugefügt.

Bibl.: Hope 1993, S. 177–180; Pedrocco 2000, Kat.-Nr. 178, S. 226.

[128] Der bedeutende Verleger Francesco Marcolini (* um 1500 Forlì – † nach 1559 Venedig), ein enger Freund Tizians und Pietro Aretinos, gab in Venedig seit den dreißiger Jahren des 16. Jahrhunderts vor allem Übersetzungen und Neueditionen von antiken Werken heraus. Neben den Schriften Aretinos zählen zu den bedeutendsten von ihm edierten Werken Daniele Barbaros Vitruv-Übersetzung und Serlios *Trattato dell'Architettura*. Das von Vasari erwähnte Gemälde wurde mit dem *Porträt des Pietro Aretino* in New York identifiziert (Öl auf Leinwand, 102 x 86 cm, um 1538, Frick Collection), da auf ihm das Frontispiz der zweiten Ausgabe von *De le lettere di M. Pietro Aretino*, welche im September 1538 von Marcolini herausgegeben wurde, basieren soll. Allerdings wurde das New Yorker Porträt auch um 1548–51 datiert.

Bibl.: Hope 1980b, S. 84, 107, Anm. 8. Zu Francesco Marcolini siehe Quondam 1980.

[129] Das Bildnis Aretinos, welches dieser selbst am 1. Oktober 1545 an Herzog Cosimo de' Medici sandte, wie ein Begleitschreiben bezeugt, befindet sich in Florenz (Öl auf Leinwand, 108 x 76 cm, um 1545, Pa-

lazzo Pitti, Galleria Palatina). Es ist vermutet worden, daß der Majordomus des Herzogs, Pierfrancesco Riccio, das Gemälde vor Cosimo bis mindestens Juli 1546 zurückbehielt, um auf diese Weise Tizian als potentiellen Konkurrenten der von ihm favorisierten Künstler, zu denen Bandinelli, Bronzino, Tribolo und Pontormo zählten, auszuschalten. Entgegen den Angaben Vasaris liegt hierin möglicherweise auch der Grund dafür, daß Herzog Cosimo sich nicht von Tizian porträtieren ließ. Das Bildnis Aretinos war zusammen mit seinem Pendant, dem Porträt von Cosimos Vater, Giovanni delle Bande Nere, von Beginn an als Geschenk Pietro Aretinos an Cosimo I. gedacht. Tizian porträtierte Aretino mit jener Goldkette, die dieser von König Franz I. erhalten hatte und die hier als Zeichen seiner hohen gesellschaftlichen Position fungiert. Das Geschenk an den Herzog hatte neben der Propagierung von Aretinos Person vor allem die Funktion, mit der Familie Medici einen neuen Auftraggeberkreis für Tizian zu gewinnen und den Florentiner Hof auf den bevorstehenden Aufenthalt des Malers im Juni 1546 einzustimmen.

Bibl.: Zeitz 2000, S. 30; von Rosen 2001b, S. 302–309; Kat. Tiziano 2003, Kat.-Nr. 26, S. 200–201 (David Jaffé).

[130] Der bedeutende *condottiere* (Söldnerführer) Giovanni delle Bande Nere (*1498 – † 1526) entstammte einer Nebenlinie der regierenden Medici. Pietro Aretino trat 1526 in seinen Dienst. Nach dem Tod Giovanni delle Bande Neres kehrte Aretino an den Mantuaner Hof zurück.

[131] Aus einem Brief Pietro Aretinos an Jacopo Sansovino vom Mai 1545 geht hervor, daß der Bildhauer und Tizian in einem von Aretino geplanten Wettstreit das postume Bildnis seines Gönners Giovanni delle Bande Nere in Skulptur und Malerei ausführen sollten, womit nicht nur die beiden Künstler in Konkurrenz zueinander getreten wären, sondern auch die Gattungen Skulptur und Malerei (Ed. Camesasca, Bd. II, CCXXXII, S. 71). Hier wird deutlich, daß der vielfach in der Renaissance diskutierte *paragone* zwischen diesen beiden Künsten und die Frage, welche höher zu bewerten sei, auch in Tizians engstem Umkreis Gegenstand kontroverser Debatten war. Für die Gestaltung der Porträts von Giovanni delle Bande Nere, der bereits zwei Jahrzehnte zuvor verstorben war, standen Tizian und Sansovino die von Giulio Romano gefertigte Totenmaske zur Verfügung (siehe Brief Aretinos an den Stecher Luigi Anichini vom November 1544, Ed. Camesasca, Bd. II, CXC, S. 32–33), so daß die wesentliche Schwierigkeit, der sich beide Künstler zu stellen hatten, darin gelegen haben dürfte, die Maske eines Toten in ein lebendig wirkendes Bildnis zu überführen. Sowohl Tizian als auch Sansovino scheinen dem Wunsch Aretinos jedoch nicht entsprochen zu haben, da sich von ihnen keine Porträts des Giovanni delle Bande Nere erhalten

haben. Bei dem von Vasari erwähnten Bildnis handelt es sich vermutlich um ein Werk von Giovanni Paolo Pace, das dieser im Auftrag von Pietro Aretino ausführte, um es Herzog Cosimo de' Medici zukommen zu lassen. Es befindet sich heute in den Uffizien in Florenz.

Bibl.: von Rosen 2001b, S. 95–98.

[132] Giovanni Cornaro († 1551 Venedig) war zeitweise venezianischer Gesandter am Hof Kaiser Maximilians I., der ihn zum Pfalzgrafen ernannte.

[133] Vasari traf im Dezember 1541 nach Aufenthalten in Modena, Parma, Ferrara und Mantua in Venedig ein. Er gestaltete dort das Bühnenbild für Pietro Aretinos Theaterstück *La Talanta*, welches von der Compagnia della Calza für ihre Karnevalsfeier im Februar des Jahres 1542 in Auftrag gegeben worden war. In einem langen Brief an Ottaviano de' Medici schildert Vasari das Aussehen des von ihm entworfenen Bühnenbildes und berichtet, daß Jacopo Sansovino und Tizian voller Bewunderung dafür waren (Frey 1923–1930, S. 111). Im Jahre 1542 erhielt Vasari zudem durch die Vermittlung des Architekten Michele Sanmichele den Auftrag für eine Deckengestaltung im Palast Giovanni Cornaros am Canal Grande (heute Ca' Cornaro-Spinelli). Im August oder Anfang September 1542 verließ Vasari Venedig. Im Mai 1566 reiste Vasari erneut nach Venedig, hielt sich dieses Mal aber nur für wenige Tage in der Stadt auf.

Bibl.: Schulz 1961.

[134] Die ursprünglich von Giorgio Vasari auszuführenden Deckengemälde im Mittelschiff der Augustinerkirche Santo Spirito in Isola wurden um 1542–1543 von Tizian gemalt und zeigen *Kain und Abel* (Öl auf Leinwand, 298 x 282 cm), *Die Opferung Isaaks* (Öl auf Leinwand, ca. 320 x 280 cm) sowie *David und Goliath* (Öl auf Leinwand, 300 x 285 cm). Sie wurden 1657 in die venezianische Kirche Santa Maria della Salute gebracht, wo sie sich noch heute in der Sakristei befinden.

Bibl.: Cocke 1971.

[135] Siehe Anm. 218

[136] In der Vita Baldassare Peruzzis berichtet Vasari, daß er Tizian zur Sala delle Prospettive begleitet habe, wo dieser voller Staunen davor verharrend nicht glauben wollte, daß es sich um Malerei handele (Vasari, *Bramante und Peruzzi*, S. 42–43). Um 1517–18 hatte Peruzzi die Sala Grande im Obergeschoß von Agostino Chigis römischer *villa suburbana* – nach den späteren Besitzern ›Farnesina‹ genannt – unter anderem mit illusionistischen Architekturdarstellungen ausgestattet, die dem Raum den Namen Sala delle Prospettive gaben. Es ist signifikant, daß Tizian in der Schilderung Vasaris gerade beim Anblick der augentäuschenden Malereien Peruzzis mit Erstaunen reagiert, denn so konnte Vasari einmal mehr Tizians Kunstauffassung derjenigen römi-

scher Künstler entgegenstellen. Wie vielfach in den *Vite* thematisiert wird, bildet eine Reise nach Rom, um die antiken sowie die herausragenden zeitgenössischen Werke zu studieren, einen wesentlichen Bestandteil der künstlerischen Entwicklung eines Künstlers. Erst der nachhaltige Einfluß, den die römischen Werke auf den einzelnen Künstler ausüben, vermag diesen auf den ›richtigen‹ Weg zu führen.

Bibl.: Zum Topos der Romreise siehe Ketelsen 1990, S. 7, 47–51. Zu Peruzzis Sala delle Prospettive siehe Luchterhand 1996.

137 Ottavio Farnese (* 1524 – † 1586) war der Enkel von Papst Paul III.

138 Das unvollendet gebliebene Gruppenporträt von *Papst Paul III. mit seinen Nepoten Alessandro und Ottavio Farnese* (Öl auf Leinwand, 210 x 174 cm, 1545–46, Neapel, Museo e Gallerie Nazionali di Capodimonte), dessen Vorbild Raffaels Bildnis von *Leo X. mit den Kardinälen Giulio de' Medici und Luigi de' Rossi* (Florenz, Uffizien) ist, zeigt den Papst mit seinen Enkeln.

Bibl.: Zapperi 1990.

139 Das *Ecce Homo* für Papst Paul III. ist nicht erhalten. Das *Ecce Homo*, welches Tizian für Karl V. schuf, könnte eine Variante des Bildes für Papst Paul III. sein (Öl auf Schiefer, 69 x 56 cm, 1546, Madrid, Museo Nacional del Prado, Signatur: TITIANVS). In diesem möglicherweise in Rom entstandenen Gemälde verzichtet Tizian auf einen narrativen Zusammenhang und rückt das Leiden Christi in den Vordergrund. Aus zahlreichen Briefen geht hervor, daß diese Darstellung bei den Zeitgenossen äußerst begehrt war, so daß Tizian davon weitere Fassungen malen mußte.

Bibl.: Hope 1980b, S. 109.

140 Eigentlich Polidoro Caldara, genannt Polidoro da Caravaggio (* um 1499 Caravaggio bei Bergamo – † um 1543 Messina)

141 Tizian malte die *Danae* (Öl auf Leinwand, 120 x 172 cm, Neapel, Museo e Gallerie Nazionali di Capodimonte) um 1544 im Auftrag von Kardinal Alessandro Farnese. Bei der Komposition griff Tizian nicht nur auf den für die *Venus von Urbino* entwickelten Typus des ruhenden Aktes zurück, sondern auch auf Darstellungen des Danae-Mythos, die von Correggio und Primaticcio für Karl V. und Franz I. gemalt worden waren. Das Motiv des aufgestellten Beines könnte Tizian allerdings Michelangelos *Leda* und der *Notte* in der Medici-Kapelle in Florenz entlehnt haben, Bildfindungen, die Tizian, wenn nicht aus eigener Anschauung, so doch durch Nachzeichnungen und Reproduktionsstiche gekannt haben könnte. Der im Mittelalter christlich umgedeutete antike Mythos von Danae, die von ihrem Vater gefangengehalten wurde, nachdem dieser erfahren hatte, daß ihr künftiger Sohn ihn später einmal töten werde, und die schließlich von Zeus in Gestalt eines Goldregens geschwängert wurde, war in der Renaissance weit verbreitet. In Texten

des 16. Jahrhunderts wurde neben der erotischen Konnotierung vor allem die Käuflichkeit der Frau betont, darüber hinaus wurde der Mythos häufig mit dem Kurtisanenwesen in Verbindung gebracht.

Tizians Gemälde wird zum ersten Mal in einem Brief Giovanni della Casas an Kardinal Alessandro Farnese vom 20. September 1544 erwähnt. Darin hatte der päpstliche Nuntius in Venedig, der das Bild kurz zuvor in Tizians Werkstatt gesehen hatte, berichtet, daß die »nuda« fast vollendet sei und daß neben ihr die *Venus von Urbino* einer Theatiner-Nonne gleiche. Della Casa schreibt auch, daß Tizian alles dafür tun wolle, um eine Pfründe für seinen Sohn Pomponio zu erwirken. Sogar den Kopf der »cognata«, die als eine Kurtisane und damalige Geliebte Alessandro Farneses identifiziert worden ist, wolle er in das Gemälde einfügen.

Vasari wählte sicherlich bewußt Tizians weiblichen Akt der *Danae* aus, um anschließend Michelangelo sagen zu lassen, daß es den venezianischen Malern an *disegno* fehle. Zurückgehend auf die bereits in antiken Schriften konstatierte Dichotomie zwischen Form und Materie, wurde im 16. Jahrhundert der männlich konnotierte und als geistiger Entwurf eines Künstlers gedachte *disegno* dem ›weiblichen‹ *colore*, der vor allem den *disegno* vervollkommnen sollte, gegenübergestellt. Zugleich bot diese Passage Vasari einmal mehr die Möglichkeit, Tizian Michelangelo zu kontrastieren. Während Vasari in den *Vite* Tizian vor allem als virtuosen Koloristen lobte, galt ihm der universal begabte Michelangelo als der unübertroffene Meister des *disegno*, dessen Darstellung des nackten männlichen Körpers nicht zu überbieten war.

Bibl.: Zu Tizians *Danae* siehe Millner Kahr 1978; Zapperi 1991; Bohde 2002, S. 151–177; Kat. Tiziano 2003, Kat.-Nr. 27, S. 202–203 (Miguel Falomir). Zum Verhältnis Tizian – Michelangelo siehe Joannides 2004. Zur geschlechtsspezifischen Konnotierung von *colore* und *disegno* siehe Reilly 1992; Sohm 1995.

142 Wahrscheinlich erhielt Tizian das Benefizium von San Pietro in Coltalto bei Ceneda für seinen Sohn Pomponio Vecellio (* vor 1525 – † um 1594) nicht, sondern es wurde ihm nur versprochen.

143 Orazio Vecellio (* vor 1525 – † 1576)

144 Die Identifizierung dieses Porträts mit dem *Bildnis eines Geigers* in der Galleria Spada in Rom (Öl auf Leinwand, 98 x 81,8 cm) ist umstritten.

Bibl.: Pedrocco 2000, Kat.-Nr. 43, S. 108.

145 Tizian hat während seines Aufenthaltes in Florenz im Juni 1546 in der Tat kein Porträt des Herzogs gemalt.

146 Die *Ansprache des Alfonso d'Avalos, Markgraf von Vasto* (Öl auf Leinwand, 223 x 165 cm, um 1540–41, Madrid, Museo Nacional del Prado) wurde von Alfonso d'Avalos in Auftrag gegeben, als der Markgraf 1539

nach Venedig reiste, um an den Feierlichkeiten zur Wahl des Dogen Pietro Lando teilzunehmen. Das Gemälde stellt ein Ereignis aus dem Jahre 1537 dar, welches Eingang in Paolo Giovios *Historia sui temporis* fand (Buch XXXVII). Der Heerführer soll dank einer eloquenten Rede einen Aufstand der damals in der Lombardei stationierten spanischen Truppen beendet haben. Die aktuelle politische Lage bewog Alfonso dazu, das Bild bei Tizian in Auftrag zu geben, hatten die Mailänder ihm doch vorgeworfen, daß er den Aufstand letztlich nur mit Hilfe ihres Geldes habe beenden können, und auch der Kaiser übte Kritik am Vorgehen des Heerführers. Mit Tizians Gemälde, das er 1541 während eines Besuchs Karls V. in Mailand öffentlich ausstellte, konnte Alfonso eindrucksvoll veranschaulichen, daß es indes seine Redekunst war, die die Truppen zum Aufgeben veranlaßt hatte.

Für die Darstellung des Ereignisses griff Tizian auf das antike Motiv der *adlocutio* zurück, das sich unter anderem auf antiken römischen Münzen findet und einen Heerführer oder Kaiser zeigt, der sich in einer Rede seinen Soldaten zuwendet.

Bibl.: Hope 1980b, S.85–86; Kat. Tiziano 2003, Kat.-Nr. 20, S.186–189 (Miguel Falomir).

147 Das Porträt Karls V. für Alfonso d'Avalos ist wahrscheinlich nicht mehr erhalten.

148 Mit dem Katholischen König ist der Sohn Karls V., Philipp II., gemeint (* 1527 Valladolid – † um 1598 El Escorial bei Madrid, König seit 1556). Sein für Alfonso d'Avalos ausgeführtes Porträt ist nicht identifiziert oder nicht erhalten.

149 Diese *Verkündigung* Tizians ist vermutlich nicht erhalten.

150 Die 1571 bei einem Brand zerstörte Darstellung des Abendmahls wurde 1573 durch Paolo Veroneses *Gastmahl im Hause Levis* ersetzt (Venedig, Gallerie dell'Accademia). Von Tizians Gemälde haben sich zwei Kopien erhalten (Lockinge, Lloyd Collection; El Escorial, Colegio Universitario María Cristina).

151 Die *Verklärung Christi* befindet sich noch *in situ* (Öl auf Leinwand, 245 x 297 cm, um 1563, Venedig, San Salvador). Das Altarbild sollte an Festtagen das vergoldete Antependium verdecken.

Bibl.: Wethey 1969–1975, Bd. I, Kat.-Nr. 146, S. 163; Pedrocco 2000, Kat.-Nr. 236, S. 276.

152 Die *Verkündigung* für San Salvador (Öl und Tempera auf Leinwand, 403 x 235 cm, 1563–1566, *in situ*, Venedig, San Salvador) wurde von dem venezianischen Kaufmann Antonio Cornovi als Altarbild für sein Familiengrab in der neuerbauten Kirche San Salvador bei Tizian in Auftrag gegeben. Cornovi war – wie Tizian – Mitglied der bedeutenden Lai-

enbruderschaft der Scuola Grande di San Rocco. Das Verkündigungsthema war eines der zentralen Mythen Venedigs, denn die Stadt soll am Verkündigungstag (25. März) des Jahres 421 gegründet worden sein. Darüber hinaus wurde im Städtelob eine Analogie zwischen der Jungfrau Maria und Venedig hergestellt, in der die Stadt mit der unberührten Jungfrau gleichgesetzt wurde. Diese Vorstellung begründete man mit der Tatsache, daß Venedig trotz fehlender Stadtmauern nie erobert wurde. Da die Kirche San Salvador in der Nähe des Rialto lag, der – einer anthropomorphen Deutung der Stadt folgend – als Nabel Venedigs sowie als Schoß der Jungfrau verstanden wurde, visualisierte Tizian in dem Altarbild zugleich die Fleischwerdung Christi aus dem Schoß Venedigs.

Die *Verkündigung* war eines von drei gemeinsam geplanten Altarbildern in San Salvador, durch die das zentrale christologische Thema der Fleischwerdung Christi und seiner Kreuzigung veranschaulicht werden sollte. Neben Cornovi gaben vermutlich die Kleriker der Kirche eine *Transfiguration* (*in situ*) für den Hauptaltar bei Tizian in Auftrag, und Giovanni d'Anna bestellte bei Tizian eine von Vasari erwähnte *Kreuzigung* für den als Familiengrablege gedachten Johannes-Altar, deren Aufstellung allerdings nicht realisiert werden konnte, da Giovanni d'Anna die Rechte an dem Altar verlor.

Bibl.: Finocchi Ghersi 1997; Bohde 2002, S. 25–60.

153 Tizian hat während seines Aufenthaltes in Augsburg im Jahre 1548 unter anderem zwei Porträts von Karl V. gemalt: das Bildnis des sitzenden Kaisers (*Karl V.*, Öl auf Leinwand, 205 x 122 cm, 1548, München, Bayerische Staatsgemäldesammlungen, Alte Pinakothek), das mehrfach mit dem von Vasari hier erwähnten identifiziert wurde, sowie das Reiterbildnis des Kaisers (*Kaiser Karl V. bei Mühlberg*, Öl auf Leinwand, 332 x 279 cm, 1548, Madrid, Museo Nacional del Prado). Tizian war auf Einladung Karls V. nach Augsburg gereist, wo der Kaiser damals den Reichstag abhielt, und blieb dort ungefähr acht Monate. Wer das Porträt des sitzenden Kaisers in Auftrag gegeben hat, ist umstritten. Man hat angenommen, daß die kaisertreuen Fugger Tizians Auftraggeber gewesen sein könnten, nicht nur weil sie Karl V. und sein Gefolge, unter ihnen auch Tizian, während des Reichstages als Gast in ihrem Hause aufnahmen, sondern auch weil in Inventaren der Fuggersammlungen aus dem 17. Jahrhundert Hinweise auf das Porträt gefunden wurden.

Der Kaiser ist in Tizians Bildnis fast ganz in schwarz gekleidet und trägt neben dem Orden des Goldenen Vlieses auch einen Degen, wodurch er gleichsam als Ordensritter präsentiert wird. Das Reiterbildnis hingegen stellt den Kaiser in jener Rüstung dar, die dieser während seines Sieges über den Schmalkaldischen Bund bei der Schlacht von Mühlberg am 24. April 1547 getragen haben soll, und veranschaulicht auf diese Weise nicht nur den größten Sieg Karls V. über das Heer der protestantischen Herrscher, sondern auch dessen imperialen Anspruch. Dies wird nicht zuletzt daran deutlich, daß Tizian für die Darstellung des Kaisers unter anderem auf die antike Statue des Marc Aurel auf dem Kapitol in Rom zurückgriff. Zugleich wird in dem Reiterbildnis Karls V. eine Parallele zur Figur des *miles christianus*, des christlichen Ritters, gezogen, wie er vor allem in Albrecht Dürers Kupferstich *Ritter, Tod und Teufel* dargestellt wurde. Karl V. konnte sich so als Verteidiger des wahren christlichen Glaubens präsentieren.

Bibl.: Hope 1980b, S. 109–117; Schweikhart 1997. Zum Porträt des sitzenden Kaisers siehe Urch 1991; von Sonnenburg 1999. Zum Reiterbildnis: Kat. Tiziano 2003, Kat.-Nr. 31, S. 210–213 (Miguel Falomir).

154 Am 10. Mai 1533 ernannte Kaiser Karl V. Tizian zum Ritter des goldenen Sporns und erhob ihn außerdem zum Grafen des Lateran. In der von Ridolfi verzeichneten Ernennungsurkunde, die Tizian zusammen mit der Kette nach Venedig zugesandt wurde, wird festgehalten, daß Tizian neben der Kette auch ein Schwert tragen sowie bei Hof verkehren darf (Ed. von Hadeln, Bd. I, S. 180–182). Die besondere Ehre, die Tizian hier zuteil wurde, zeigt sich auch daran, daß der Kaiser in der Urkunde den Künstler als Apelles seiner Zeit bezeichnet und sich selbst in die Nachfolge von Alexander dem Großen stellt.

155 Das erste, heute nicht mehr erhaltene Porträt, das Tizian von Philipp II. schuf, entstand während Philipps Reise nach Mailand vom Dezember 1548 bis zum Januar 1549. Ein zweites Bildnis des Kaisersohnes malte Tizian während seines Aufenthaltes in Augsburg 1550–1551 (*Philipp II. in Rüstung*, Öl auf Leinwand, 193 x 111 cm, 1551, Madrid, Museo Nacional del Prado). Darüber hinaus sind sechs weitere Porträts bekannt. In einem vor allem im Zusammenhang mit Tizians Maltechnik vielzitierten Brief an seine Tante Maria von Ungarn vom 16. Mai 1551 beklagt Philipp, daß Tizian sein Porträt – gemeint ist vermutlich dasjenige in Madrid – viel zu schnell gemalt habe und es besser überarbeiten solle, wofür aber die Zeit fehle. Daraus wurde bisweilen gefolgert, daß Philipp offenbar kein Verständnis für Tizians Malweise mit sichtbarem Pinselstrich aufbringen konnte, was ihn allerdings nicht daran hinderte, bis zu Tizians Tod 1576 zahlreiche weitere Gemälde bei dem Maler in Auftrag zu geben. Tizians *Philipp II. in Rüstung* hatte maßgeblichen Einfluß auf spätere Porträts der Habsburger in Rüstung sowie auf jene anderer Herrscherhäuser.

Das Bildnis von Don Carlos (* 1545 Valladolid – † 1568 Madrid), Sohn von Philipp II. und dessen erster Gemahlin Maria von Portugal, ist nicht erhalten oder nicht identifiziert.

Bibl.: Zum *Porträt Philipps II. in Rüstung* siehe Kat. Tiziano 2003, Kat.-Nr. 34, S. 218–219 (Miguel Falomir); Wirel 2014.

156 Hierbei handelt es sich vermutlich um das *Porträt Philipps II.* in Florenz (Öl auf Leinwand, 185 x 103 cm, um 1554, Palazzo Pitti, Galleria Palatina), dessen Ausführung in weiten Teilen Tizians Werkstatt zugeschrieben wird.

Bibl.: Wethey 1969–1975, Bd. II, Kat.-Nr. 80, S. 129.

157 Das *Porträt von Karl V.* ist nur noch als Kopie erhalten (Florenz, Palazzo Pitti), welches den Herrscher in Rüstung zeigt.

158 Ferdinand I. (* 1503 Alcalá de Henares – † 1564 Wien) wurde 1516 König von Österreich und 1556 Kaiser. Das 1548 in Augsburg entstandene Bild ist nur noch in Kopien erhalten (Augsburg, Schloß Babenhausen, Sammlung Fugger-Babenhausen; Madrid, Descalzas Reales; Toledo, Museo de Santa Cruz, Leihgabe des Museo Nacional del Prado).

Bibl.: Wethey 1969–1975, Bd. II, Kat.-Nr. L–16, S. 198–199.

159 Das Porträt Maximilians II. ist nicht erhalten. Maximilian II. (* 1527 Wien – † 1576 Regensburg) wurde 1562 König von Böhmen und 1563 von Ungarn. 1564 folgte er seinem Vater, Ferdinand I., auf den Kaiserthron.

160 Das Porträt von Emanuele Filiberto von Savoyen ist nicht erhalten.

161 Die Tochter von Philipp dem Schönen und Johanna der Wahnsinnigen, Maria (* 1505 Brüssel – †1558 Cigales bei Valladolid), wurde durch ihre Vermählung mit König Ludwig II. im Jahre 1522 Königin von Ungarn. 1531 ernannte ihr Bruder, Kaiser Karl V., sie zur Statthalterin der Niederlande. Ihr Porträt ist nur noch in Kopien erhalten (z.B. Paris, Musée des Arts Décoratifs).

Bibl.: Wethey 1969–1975, Bd. II, Kat.-Nr. L–24, S. 202.

162 Es haben sich zwei Porträts von Johann Friedrich dem Großmütigen, Kurfürst von Sachsen und einer der Anführer des Schmalkaldischen Bundes, erhalten, deren Entstehungszeit allerdings nicht genau bekannt ist (Öl auf Leinwand, 129 x 93 cm, um 1548–1551, Madrid, Museo Nacional del Prado; Öl auf Leinwand, 103,5 x 83 cm, um 1548–1551, Wien, Kunsthistorisches Museum). Während das Madrider Porträt bisweilen als Kopie nach dem Original Tizians gedeutet wurde, gilt das Wiener Gemälde als eigenständige Arbeit des Künstlers, die maßgeblich von den Bildnissen Lukas Cranachs beeinflußt worden ist.

Vermutlich hatten Kaiser Karl V. und seine Schwester Maria von Ungarn zwei Porträtserien bei Tizian in Auftrag gegeben, die 1548 und 1550–51 in Augsburg gemalt wurden. Die Porträts von Johann Friedrich dem Großmütigen gehörten demnach zu einem dynastisch ausgerichteten Zyklus, der auf die antike Tradition des Triumphzuges zurückgreifend neben den Verwandten und Vertrauten des Kaisers, den Siegern der Schlacht von Mühlberg (24. April 1547), auch ihre Besiegten umfaßte, um auf diese Weise den Sieg des Kaisers über die Protestanten ebenso wie das Haus Habsburg zu verherrlichen.

Der Protestant und Gönner Martin Luthers, Johann Friedrich der Großmütige (*1503 Torgau – †1554 Weimar), war ein erklärter Gegner von Karl V., der den Kurfürsten nach der Kapitulation von Wittenberg zunächst zum Tode verurteilen ließ, später aber begnadigte und die Strafe in eine Gefangenschaft am kaiserlichen Hof umwandelte.

Bibl.: Wethey 1969–1975, Bd. II, Kat.-Nr. 54, S. 111–112, Kat. Nr. X–65, S. 171; Schweikhart 1997; Ferino-Pagden 1999; Wald 1999.

[163] Siehe Anm. 66 und Anm. 114

[164] Das Porträt des Herzogs von Mailand, Francesco II. Sforza (*1495 Vigévano – † 1535 Castello di Porta Giovia, Mailand), ist nicht erhalten.

[165] Siehe Anm. 97

[166] Das Bildnis des Antonio Da Leyva, General im Dienst Karls V. und Gouverneur von Mailand, ist nicht erhalten.

[167] Das Porträt des Massimiliano Stampa, einem *cortegiano* am Hof von Herzog Francesco II. Sforza und Freund Aretinos, ist nicht erhalten.

[168] Das *Porträt von Giovanni Battista Castaldo* (Öl auf Leinwand, 119,5 x 98,6 cm, 1548, Dortmund, Sammlung Becker) wird nach Vasaris Bericht auf das Jahr 1548 datiert. Castaldo (*1493 Cesinola bei Cava dei Tirreni – † um 1565) war *condottiere* im Dienst von Karl V., der ihn für seine Meriten zum Grafen von Cassano und Piadena ernannte. Ihn verband eine enge Freundschaft mit Ferdinando Francesco d'Avalos, Markgraf von Pescara und Gemahl von Vittoria Colonna.

Bibl.: Wethey 1969–1975, Bd. II, S. 84–85; Pedrocco 2000, Kat.-Nr. 159, S. 209. Zu Giovanni Battista Castaldo siehe De Caro 1978.

[169] Die 1554 vollendete *Heilige Dreifaltigkeit*, vor allem als *La Gloria* bekannt (Öl auf Leinwand, 346 x 240 cm, 1551–54, Madrid, Museo Nacional del Prado, Signatur: TITIANUS P.), wurde vermutlich im Frühjahr 1551 von Karl V. bei Tizian in Auftrag gegeben, als beide sich in Augsburg aufhielten. Bereits damals könnte der Kaiser den Plan gefaßt haben, sich auf seinen Landsitz in der Extremadura in unmittelbarer Nähe zum Hieronymitenkloster San Jerónimo in Yuste zurückzuziehen, so daß das Gemälde von Beginn an für den Hochaltar der Klosterkirche gedacht gewesen sein könnte. Die ungewöhnliche Ikonographie der *Gloria*, die vermutlich vom Auftraggeber vorgeschlagen wurde, gilt als Ausdruck der religiösen Überzeugungen von Karl V. In der oberen Hälfte des Gemäldes ist die Trinität dargestellt, darüber hinaus sind verschie-

dene Personen aus dem Alten und Neuen Testament sowie Mitglieder der kaiserlichen Familie gezeigt. Da Vasaris Beschreibung erheblich vom ausgeführten Bild abweicht, ist anzunehmen, daß er die *Gloria* nicht aus eigener Anschauung kannte. Das Bild wurde bereits vor dem 15. Oktober 1554 auf dem Schiffsweg zunächst nach Brüssel gesandt, von wo aus es dann nach Yuste gelangte.

Bibl.: Hope 1980b, S. 120–122; Bierwirth 2002; Kat. Tiziano 2003, Kat.-Nr. 35, S. 220–223 (Miguel Falomir); Wivel 2014.

[170] Da zwischen Cornelis Corts Reproduktionsstich (52,4 x 37,8 cm, Amsterdam, Rijksmuseum, Rijksprentenkabinet) und dem fertigen Gemälde zahlreiche Abweichungen bestehen, ist vermutet worden, daß Cort den Stich anhand einer nicht mehr erhaltenen Vorstudie Tizians für die *Heilige Dreifaltigkeit* anfertigte. Der 1566 entstandene Stich ist ein ›Repräsentationsstich‹, der vornehmlich dazu diente, potentielle Auftraggeber zu gewinnen. Tizian sandte den Stich an die illegitime Tochter Karls V., Margarete von Parma, von der er auch ein heute verlorenes Porträt malte, und an Kardinal Alessandro Farnese.

Bibl.: Bierwirth 2002, S. 108–113.

[171] Es ist nicht mehr genau bekannt, wie viele Gemälde der von Maria von Ungarn in Auftrag gegebene Zyklus mit den – seit der Antike christlich umgedeuteten – berühmtesten Qualen oder Strafen der Antike, den *pene infernali*, einst umfaßte, da die Aussagen in den Dokumenten und Quellen widersprüchlich sind. Von der Hand Tizians haben sich die Darstellungen des *Tityus* und des *Sisyphus* (beide Öl auf Leinwand, 253 x 217 cm und 237 x 216 cm, 1548–49, Madrid, Museo Nacional del Prado) erhalten. Der *Tantalus*, welcher allerdings in einem nach dem Tod von Maria von Ungarn 1558 erstellten Inventar als Gemälde Michiel Coxcies bezeichnet wird, ist nur noch durch einen Reproduktionsstich Giulio Sanutos bekannt (44,7 x 35 cm, um 1565, Rom, Istituto Nazionale per la Grafica). Maria von Ungarn bestellte die Gemälde bei Tizian in Augsburg für die *grande salle* von Schloß Binche in Flandern, welches sie seit ihrem Amtsantritt als Statthalterin der Niederlande gelegentlich als Residenz nutzte. Das ikonographische Programm sollte – stand in dessen Zentrum doch die Bestrafung antiker Figuren, die sich gegen die Götter aufgelehnt hatten – sicherlich auch die Folgen für diejenigen verdeutlichen, die sich gegen ihren Herrscher auflehnen, wie dies die Mitglieder des Schmalkaldischen Bundes gegen Kaiser Karl V. getan hatten. Die monumentale Gestaltung der Figuren mit starken Verkürzungen zeigt Tizians intensive Beschäftigung mit Michelangelos Körperdarstellungen.

Bibl.: Tischer 1994; Kat. Tiziano 2003, Kat.-Nr. 32 und 33, S. 214–217 (Miguel Falomir).

[172] Tizians *Venus und Adonis* (Öl auf Leinwand, 186 x 207 cm, 1554, Madrid, Museo Nacional del Prado) war Teil einer Serie von mythologischen Gemälden, die für Philipp II. gemalt wurden und die – einer Bezeichnung Tizians folgend – *Poesie* genannt werden. Neben den von Vasari erwähnten Bildern umfaßte die vermutlich als eigenständiges Ensemble gedachte Serie zudem eine *Danae* (Öl auf Leinwand, 129 x 180 cm, 1551–53, Madrid, Museo Nacional del Prado), bei der es sich um eine Variante des Gemäldes gleichen Sujets für Kardinal Alessandro Farnese handelt, *Diana und Kallisto* (Öl auf Leinwand, 188 x 206 cm, 1556–59, Edinburgh, National Gallery of Scotland, Leihgabe des Duke of Sutherland, Signatur: TITIANVS) und den *Tod des Aktäon* (Öl auf Leinwand, 179 x 198 cm, um 1555–76, London, National Gallery), der allerdings nie nach Spanien gesandt worden ist, so daß sich hier die Frage stellt, wie er in die Serie eingefügt werden kann. Da sich nur wenige Dokumente erhalten haben, ist weder genau bekannt, welches übergreifende inhaltliche Programm den mythologischen Bildern für Philipp II. zugrunde gelegt worden sein könnte, noch wo sich ihr ursprünglicher Aufstellungsort befand. Aus den Briefen, die Tizian an Philipp II. sandte, geht hervor, daß jeweils zwei Gemälde als Pendants gedacht waren, die zudem in Bezug zu den anderen Bildern treten sollten. So kündigt Tizian in einem Brief aus dem Jahre 1554 an, daß er bei der Darstellung von *Venus und Adonis* den Körper aus einem anderen Blickwinkel zeigen wolle als bei der zuvor verschickten *Danae* und daß die nachfolgenden Gemälde den Körper in weiteren Ansichten wiedergeben würden, um auf diese Weise eine Variation zu erzielen und den Raum, in dem die Bilder aufgestellt werden, angenehmer zu gestalten. Tizian löste demnach in den mythologischen Bildern für Philipp II. nicht nur die bereits von Alberti gestellte Forderung nach *varietas* in der Kunst ein, sondern spielte zudem bewußt auf den *paragone* zwischen Malerei und Skulptur an, da er mit ihnen gleichsam ein visuelles Beispiel für das Argument lieferte, daß die Malerei im Gegensatz zur Skulptur den menschlichen Körper aus verschiedenen Ansichten zeigen könne, ohne daß der Betrachter seinen Standpunkt ändern müsse. Und nicht zuletzt weil Tizian die Gemälde in seinen Briefen *poesie* nannte, stellte er mit der Serie zugleich eine enge Verbindung zwischen Dichtung und Malerei her und schuf hier – in Umkehrung von Horaz' Diktum *ut pictura poesis* (*Ars Poetica*, 361) – gewissermaßen gemalte Dichtung. Tizian nimmt mit seinen mythologischen Bildern für Philipp II. daher nicht nur Bezug auf den *paragone* zwischen Malerei und Skulptur, sondern auch auf den Wettstreit zwischen Malerei und Dichtung.

Ausgehend von Horaz' berühmtem Diktum, das sich ursprünglich auf die gleichartige Wahrnehmung von Werken der Dichtung und der Malerei bezog, wurden in der Kunsttheorie der Renaissance Dichtung und Malerei miteinander verglichen und eine Ähnlichkeit zwischen beiden Kunstformen behauptet. Fast noch wichtiger, vor allem für die Stellung des Künstlers, waren aber die Verse zu Beginn der *Ars Poetica* (9ff.), in denen Horaz den Malern die gleiche Freiheit einräumte wie den Dichtern.

Als literarische Quelle für die *Poesie* dienten Tizian vor allem Ovids *Metamorphosen*, die er sicherlich in einer italienischen Übersetzung gelesen hat. Im 16. Jahrhundert gab es verschiedene Übertragungen der *Metamorphosen* ins Italienische. Allen ist gemein, daß sie sehr frei mit dem Original umgehen, wodurch sich auch einige Abweichungen zwischen Bild und Text erklären lassen.

Bibl.: Keller 1969; Panofsky 1969, S. 139–171; Rosand 1972; Ginzburg 1978; Fehl 1980; Nash 1985; Rearick 1996. Zu *Venus und Adonis* siehe zuletzt Kat. Tiziano 2003, Kat.-Nr. 40, S. 238–241 (Miguel Falomir).

173 *Perseus und Andromeda* (Öl auf Leinwand, 183 x 199 cm, 1554–56, London, Wallace Collection)

174 *Diana und Aktäon* (Öl auf Leinwand, 188 x 203 cm, 1556–59, Edinburgh, National Gallery of Scotland, Leihgabe des Duke of Sutherland)

175 *Der Raub der Europa* (Öl auf Leinwand, 178 x 205 cm, 1559–62, Boston, Isabella Stewart Gardner Museum, Signatur: TITIANVS P.)

176 Die von Vasari hier geforderte Bewegung vor einem Kunstwerk, die letztlich dazu dient, durch die veränderte Wahrnehmung den richtigen Betrachterstandpunkt feststellen zu können, ist nicht neu, findet sie sich doch bereits in Horaz' *Ars Poetica* (361–364), wo dieser gleich im Anschluß an sein berühmt gewordenes Diktum *ut pictura poesis* darauf hinweist, daß es Gemälde gibt, die einen mehr aus der Nähe fesseln, und andere, die dies aus der Ferne tun. Ein Kunstwerk kann demnach aus der Nähe andere Dinge offenbaren als aus der Ferne, womit Horaz in erster Linie Gegenständliches meint, das vom Auge erst von einem gewissen Standpunkt aus gesehen werden kann. Das Kunstwerk an sich aber bleibt gleich, ungeachtet dessen, ob es aus der Ferne oder aus der Nähe betrachtet wird. Für Vasari hingegen erschließt sich die Qualität einiger Werke erst aus der entfernten Betrachtung, wie auch in der Vita Luca della Robbias deutlich wird, wo die Orgelkanzel desselben für den Florentiner Dom mit derjenigen Donatellos verglichen wird (*Vita di Lucca della Robbia 1568*, in: Bettarini/Barocchi, *Vite*, Bd. III, S. 51). Donatello wird hier für seine skizzenhafte Gestaltung der Kanzel gelobt, denn dadurch wirke diese aus der Ferne besser als diejenige Luca della Robbias. Im Gegensatz zu Orgelkanzeln, die man ja vorwiegend von einem entfernten Standpunkt aus sieht, sind Bilder jedoch meist leichter zugänglich und können auch von nahem gesehen werden. Wenn Vasari nun

aber schreibt, daß Tizians späte Gemälde nur aus der Ferne betrachtet werden können, so erwähnt er dies möglicherweise, weil er die Nahsicht auf diese Gemälde nicht besonders schätzt, können auf diese Weise doch lediglich verschwommene Farbflecke wahrgenommen werden.

Im Zusammenhang mit Tizians Malweise ist eine Passage in Marco Boschinis Werk *Le ricche minere della pittura veneziana* (Venedig 1674) bedeutsam, das allerdings rund ein Jahrhundert nach Tizians Tod niedergeschrieben wurde und daher sicherlich vor allem Boschinis eigene kunsttheoretische Ideale offenbart. In dieser Passage beschreibt Palma il Giovane, der sich hier als Mitarbeiter Tizians präsentieren kann, ausführlich Tizians Maltechnik. So überziehe Tizian seine Bilder in mehreren Schichten mit pastosen Pinselstrichen, die der Bildwirkung dienen. Dabei lege er die Leinwände mitunter monatelang weg, um sie danach erneut zu prüfen und zu bemalen. Häufig bearbeite er die Bilder im letzten Stadium mehr mit den eigenen Fingern als mit dem Pinsel. Bemerkenswert in dieser Passage ist zudem, daß Tizians Arbeitsweise als »überlegt« bezeichnet wird und die *abbozzi*, die groben Pinselstriche, als der Weg zur richtigen Malerei.

Bibl.: Warnke 1986; Carabell 1995; von Rosen 2001b; Bohde 2002; Dunkerton 2003.

[177] Die *Anbetung der Heiligen Drei Könige* (Öl auf Leinwand, 138,5 x 219 cm, El Escorial, Real Monasterio de San Lorenzo, Signatur: TITIANVS F.) wurde nach Spanien in den Escorial geschickt, wo sie sich bis 1963 auf einem Seitenaltar der Iglesia Vieja befand. Das Gemälde wurde vermutlich von Kardinal Ippolito d'Este während seines Venedigbesuchs 1556 bei Tizian in Auftrag gegeben, um es Heinrich II., König von Frankreich, zu schenken. Als der spanische Botschafter das Bild drei Jahre später sah, überzeugte er Tizian davon, es an Philipp II. zu senden. Für den Kardinal schuf er eine zweite Version, die er erst 1564 vollendete (Mailand, Pinacoteca Ambrosiana).

Bibl.: Hope 1980b, S. 137.

[178] Der Kardinal von Ferrara und Sohn Alfonso I. d'Estes, Ippolito II. d'Este (* 1509 Ferrara – † 1572 Tivoli), beauftragte den Architekten und Antiquar Pirro Ligorio mit der Ausgrabung von Kaiser Hadrians Villa in Tivoli und dem Bau einer eigenen Villa, die jedoch erst unter seinen Nachkommen, Kardinal Luigi d'Este und Alessandro d'Este, vollendet werden konnte und unter dem Namen ›Villa d'Este‹ bekannt ist.

[179] *Die Anbetung der Heiligen Drei Könige* (Öl auf Leinwand, 118 x 222 cm, Mailand, Pinacoteca Ambrosiana)

[180] Die *Dornenkrönung* (Öl auf Holz, 303 x 180 cm, 1540–42, Paris, Musée du Louvre, Signatur: TITIANVS F.) befand sich in der Cappella della

Santa Corona von Santa Maria delle Grazie in Mailand, die der gleichnamigen Bruderschaft gehörte. Diese hatte von Herzog Ludovico Sforza die Aufgabe erhalten, die bedeutendste Reliquie der Kirche, einen Dorn der Dornenkrone Christi, zu verwahren. Tizians Gemälde war Teil eines umfangreichen Ausstattungsprogramms für die Kapelle, zu dem die im Jahre 1542 vollendeten Deckenfresken Gaudenzio Ferraris mit Szenen aus der Passion gehörten. In Tizians *Dornenkrönung*, die anhand von Dokumenten auf 1540–1542 datiert werden kann, finden sich zahlreiche Antikenzitate, wie beispielsweise die Figur des Christus, die der antiken Skulptur des Laokoon verpflichtet ist.

Bibl.: Siebenhüner 1978; von Rosen 2001b, S. 205–255.

181 Mit der Königin von Portugal ist wahrscheinlich Isabel von Portugal (*1503 – † 1539) gemeint, Tochter des portugiesischen Königs Manuel und seit 1526 Gemahlin von Karl V. Da die Tochter Karls V., Juana, Johann von Portugal heiratete, könnte Vasari allerdings auch sie gemeint haben.

182 Die *Geißelung Christi* für die Königin von Portugal ist wahrscheinlich verloren.

183 Tizians Altarbild *Christus am Kreuz mit Maria und den Heiligen Johannes und Dominikus* (Leinwand, 375 x 197 cm, *in situ*, Ancona, San Domenico, Signatur: TITIANVS F.) wurde am 22. Juli 1558 auf dem Hochaltar installiert. Auftraggeber war Pietro Cornovi della Vecchia, der zwar selbst in Ancona lebte, aber einer lange in Venedig ansässigen Kaufmannsfamilie aus Bergamo entstammte. Dieser Familie gehörte auch Antonio Cornovi an, der bei Tizian die *Verkündigung* in San Salvador in Venedig in Auftrag gab.

Bibl.: Polverari 1990.

184 Obwohl Tizian bereits seit 1548 an dem Altarbild mit dem *Martyrium des Heiligen Laurentius* (Öl auf Leinwand, 493 x 277 cm, Venedig, Santa Maria Assunta, genannt ›I Gesuiti‹) arbeitete, hatte er es bis zum Tod des Auftraggebers, Lorenzo Massolo, der das Bild für seinen privaten Altar in Auftrag gegeben hatte, im Jahre 1557 noch immer nicht vollendet. Erst 1559 stellte er das Gemälde fertig, so daß es auf dem Altar aufgestellt werden konnte. Um 1730 wurde das Bild beim Umbau der inzwischen an die Jesuiten übergegangenen Kirche an den ersten Altar auf der linken Seite versetzt, wo es sich noch heute befindet.

Bibl.: Kat. Tiziano 1990, Kat.-Nr. 53, S. 308–313 (Sandro Sponza); Bohde 2002, S. 203–207.

185 Der venezianische Rechtsgelehrte Niccolò Crasso († 1595) hatte den *Heiligen Nikolaus von Bari* (Öl auf Holz, 171 x 91 cm, um 1563, *in situ*, Venedig, San Sebastiano) für seine Kapelle in der venezianischen Kirche San Sebastiano bei Tizian in Auftrag gegeben.

Bibl.: Wethey 1969–1975, Bd. I, Kat.-Nr. 131, S. 151–152.

[186] Carlo Ridolfi zufolge handelt es sich um Silvio Badoer, was allerdings bislang nicht verifiziert werden konnte (Ed. von Hadeln, Bd. I, S. 190).

[187] Falls Silvio Badoer tatsächlich eine *Heilige Maria Magdalena* von der Hand Tizians besessen haben sollte, so ist diese wahrscheinlich nicht erhalten.

[188] Die ehemals im Besitz Philipps II. befindliche *Heilige Maria Magdalena* wurde 1873 bei einem Brand in London zerstört, wo sich das Gemälde mittlerweile befand. Erhalten sind ein 1566 datierter Reproduktionsstich Cornelis Corts (35 x 28 cm, Amsterdam, Rijksmuseum, Rijksprentenkabinet) und eine 1695 gemalte Kopie von Luca Giordano (El Escorial, Iglesia Vieja).

Bibl.: Wethey 1969–1975, Bd. I, Kat.-Nr. 127, S. 148–149.

[189] Das Bildnis von Francesco Sinistro ist mit einem Gemälde in San Francisco identifiziert worden, bei dem der Porträtierte in seiner linken Hand einen Brief hält, auf dem »Di Titiano Vecellio singolare amico« zu lesen ist (De Young Memorial Museum).

Bibl.: Wethey 1969–1975, Bd. II, Kat.-Nr. 39, S. 102–103.

[190] Das 1540 gemalte Porträt des venezianischen Patriziers Zuan Paolo da Ponte, Großvater von Irene di Spilimbergo, ist möglicherweise beim Brand des Palazzo Da Ponte zerstört worden.

Bibl.: Muraro 1949.

[191] Das Bildnis der Giulia da Ponte, bei der es sich möglicherweise um die Schwester von Zuan Paolo handelt, ist vermutlich ebenfalls beim Brand des Familienpalastes verlorengegangen.

[192] Die einer adligen Familie entstammende Irene di Spilimbergo (* 1538 Spilimbergo – † 1559) widmete sich bereits in jungen Jahren der Musik, der Dichtung und der Malerei. In letzterer soll sie – wie aus ihrer von Dionigi Atanagi verfaßten Biographie hervorgeht – von niemand Geringerem als Tizian unterwiesen worden sein. Dionigi Atanagi berichtet außerdem, daß Irene verschiedene Werke Tizians auf vortreffliche Weise kopierte, was allerdings bislang nicht verifiziert werden konnte. Nach Irene di Spilimbergos frühem Tod gab Dionigi Atanagi einen ihr gewidmeten Band (*Rime di diversi nobilissimi et eccellentissimi autori in morte della Signora Irene delle Signore di Spilimbergo*, Venedig 1561) heraus, zu dem unter anderem Torquato Tasso, Lodovico Dolce und Benedetto Varchi Gedichte beigetragen hatten, denen Atanagis Biographie vorangestellt war.

Das Bildnis der Irene di Spilimbergo wird mit demjenigen einer jungen Frau in Washington (Leinwand, 122 x 107 cm, 1560, National Gallery of Art, Widener Collection) identifiziert, dessen Zuschreibung – wie die des möglicherweise als Pendant gedachten Porträts der Emilia

Spilimbergo (Leinwand, 122 x 106 cm, Washington, National Gallery of Art, Widener Collection) – an Tizian allerdings umstritten ist. Vermutlich ist hier dem *memoriale* von Irenes Großvater, Zuan Paolo da Ponte, Glauben zu schenken, in dem vermerkt wird, daß er seine Enkelin von Zuan Paolo Pace porträtieren und dieses Bild nach ihrem Tod von »Messer Tutian« überarbeiten ließ.

Bibl.: Valcanover 1999 (1969), S. 141; Jacobson Schutte 1991.

193 Das Doppelporträt von Francesco Filetto und seinem Sohn wird gemeinhin mit zwei Fragmenten in Wien identifiziert, welche ursprünglich ein zusammenhängendes Gemälde bildeten (Zwei Fragmente vom *Doppelporträt des Orators Francesco Filetto und seines Sohnes*, beide Öl auf Leinwand, 83 x 62 cm und 89 x 67 cm, 1538–1540, Wien, Kunsthistorisches Museum). Um die Mitte des 17. Jahrhunderts wurde das Doppelporträt zerschnitten und die dargestellten Personen durch hinzugefügte Attribute in die Heiligen Jakobus und Sebastian verwandelt. Eine Kopie nach dem damals noch unzerteilten Gemälde gibt einen Eindruck von der Originalkomposition (Ankara, Deutsche Botschaft, Leihgabe der Staatlichen Museen zu Berlin). Demnach könnte es sich bei Tizians Bild um ein sogenanntes Unterweisungsbild handeln, bei dem der ältere Lehrer in einen Dialog mit seinem jüngeren Schüler tritt. Die Identifizierung der Figuren mit dem Orator und Rechtsgelehrten Francesco Filetto und dessen Sohn geht vor allem auf Vasari zurück, der das Gemälde 1566 in der Sammlung von Matteo Giustiniani gesehen hatte.

Bibl.: Wethey 1969–1975, Bd. II, Kat.-Nr. 33, S. 99–100; Kat. Venezia 2002, Kat.-Nr. 87 und 88, S. 161.

194 Jacopo da Bassano (* um 1500 Bassano del Grappa – † 1592 ebenda) entstammte einer in Venedig und im Veneto tätigen Malerfamilie.

195 Dieses Bildnis von Pietro Bembo (Öl auf Leinwand, 94,5 x 76,5 cm, um 1540, Washington, National Gallery of Art, Samuel H. Kress Collection) sollte dessen neue Stellung als Kardinal (seit 1539) veranschaulichen.

Bibl.: Pedrocco 2000, Kat.-Nr. 114, S. 172.

196 Das Porträt des Kopernikus-Schülers und Mediziners Girolamo Fracastoro (* 1478 oder 1483 Verona – † 1553 Incaffi) wurde lange Zeit mit einem später Orlando Flacco (oder Fiaco) zugeschriebenen Bildnis in Verona identifiziert (Öl auf Leinwand, 101 x 80 cm, um 1555, Museo Civico di Castelvecchio). Nach einer jüngst durchgeführten Restaurierung gilt ein Bildnis in der National Gallery in London als Tizians Porträt des bedeutenden Mediziners (Öl auf Leinwand, 84 x 73,5 cm, um 1528). Fracastoro sind wichtige Entdeckungen im Bereich der durch Kontaktinfektion übertragenen Krankheiten wie der Syphilis zu verdanken, so daß er als Begründer dieses medizinischen Forschungsgebie-

tes angesehen wird. Fracastoro war außerdem der Leibarzt von Papst Paul III. und mit bedeutenden Gelehrten, wie beispielsweise Pietro Bembo, befreundet.

Bibl.: Wethey 1969–1975, Bd. II, Kat.-Nr. X–38, S. 163–164; Dunkerton/Fletcher/Joannides 2013.

[197] Das Bildnis Benedetto Accoltis (* 1497 – † 1549), der 1527 von Papst Clemens VI. zum Kardinal von Ravenna erhoben wurde, ist wahrscheinlich nicht mehr erhalten.

[198] Der Bildhauer Danese Cattaneo (* um 1509 Colonnata bei Carrara – † nach 1573 Padua) war Schüler und Mitarbeiter von Jacopo Sansovino.

[199] Hierbei handelt es sich vermutlich um das Porträt des Jacopo (oder Giacomo) Dolfin (Öl auf Leinwand, 105 x 91 cm, um 1530–35, Los Angeles, County Museum of Art). Allerdings ist umstritten, ob Tizian hier Jacopo di Alvise Dolfin (*1489 – †1552) oder dessen Verwandten Jacopo di Andrea Dolfin (*1469 – †1544) dargestellt hat. Beide bekleideten in Venedig und in der Terraferma bedeutende öffentliche Ämter. Möglicherweise befand sich das Gemälde nur vorübergehend im Haus oder vielmehr in der Werkstatt von Danese Cattaneo, weil dieser eine postume Porträtbüste anfertigen sollte.

Bibl.: Hope 1982; Kat. The Age of Titian 2004, Kat.-Nr. 34, S. 122–123 (Peter Humfrey).

[200] *Porträt des Nicolò Zen* (Öl auf Leinwand, 123,2 x 96,5 cm, um 1560, Kingston Lacy, Bankes Collection). Nicolò Zen (* 1515 – † 1565) war ein bedeutendes Mitglied der venezianischen Adelsschicht und Freund von Daniele Barbaro, dem Auftraggeber Palladios und Herausgeber von Vitruvs *Zehn Bücher über die Architektur*. Nicolò Zen selbst bekleidete neben seiner Tätigkeit als Gelehrter hohe Ämter in der venezianischen Regierung.

Bibl.: Sponza 1999; Kat. Titian 2003, Kat.-Nr. 39, S. 170–171 (David Jaffé).

[201] Das Bildnis der Rossa oder Rosselana, eine der Frauen des türkischen Sultans Süleyman II., ist vermutlich nur noch als Kopie erhalten (Öl auf Leinwand, 98 x 76 cm, Sarasota, John and Mable Ringling Museum of Art). Allerdings ist umstritten, ob dieses Bildnis tatsächlich Süleymans Frau wiedergibt.

Bibl.: Wethey 1969–1975, Bd. II, S. 190–191.

[202] Es hat sich ein Tizian zugeschriebenes Bildnis von Cameria, der Tochter Süleymans II., als Heilige Katharina erhalten (Öl auf Leinwand, 99,3 x 71,5 cm, um 1555, London, Courtauld Institute of Art Gallery, The Samuel Courtauld Trust), das allerdings auch als Kopie nach dem Original Tizians gedeutet worden ist.

Bibl.: Wethey 1969–1975, Bd. II, S. 205.

203 Das Bildnis des Francesco Assonica gilt als verloren.

204 Möglicherweise handelt es sich bei Francesco Assonicas *Flucht nach Ägypten* um ein Gemälde im Escorial (Öl auf Leinwand, 155 x 323 cm, um 1535, Nuevos Museos), dessen Herkunft aus der Sammlung Assonica in Padua allerdings nicht gesichert ist.

Bibl.: Wethey 1969–1975, Bd. I, Kat.-Nr. 91, S. 125–126.

205 Das Bildnis einer Edeldame im Haus des Adligen aus der Familie Pisani ist nicht identifiziert oder nicht erhalten.

206 Giovanni della Casa (* 1503 Mugello – † 1556 Rom) war von 1544 bis 1549 päpstlicher Nuntius in Venedig. Er widmete sich der petrarkistischen Dichtung und schrieb für Elisabetta Querini eine Reihe von Sonetten. Della Casa war aber auch ein bedeutender Kunstsammler, der beispielsweise Rosso Fiorentinos *Toten Christus* (Boston, Museum of Fine Arts) besaß.

Bibl.: Mutini 1988.

207 Gemeint ist Elisabetta Querini († 1559), deren Mann, Lorenzo Massolo, bei Tizian das *Martyrium des Heiligen Laurentius* in Auftrag gab. Ihr Bildnis, welches von Pietro Aretino in einem Sonett und in einem Brief vom Oktober 1543 gerühmt wird (Ed. Camesasca, Bd. II, CLXXIII, S. 11–12), ist nur noch in zwei Kopien erhalten (Öl auf Leinwand, 110 x 90 cm, Toulouse, Musée des Augustins, Depositum des Musée du Louvre in Paris; Öl auf Leinwand, 101 x 78 cm, Rom, Villa Borghese). Aus einem Brief Pietro Bembos vom 3. August 1544 geht hervor, daß sich das Porträt zu diesem Zeitpunkt im Palazzo des Giovanni della Casa in Rom befand.

Bibl.: Wethey 1969–1975, Bd. II, Kat.-Nr. L–26, S. 204.

208 Die weiblichen Bildnissen gewidmeten Sonette waren eine in der Renaissance und später auch im Barock weit verbreitete Gedichtform, bei der die Schönheit der Dargestellten und der Maler, der diese darzustellen vermag, gleichermaßen gepriesen wurden. Die in der frühen Neuzeit entstandenen Gedichte stehen in der Tradition von Petrarca und dessen Sonette auf Simone Martinis heute nicht mehr erhaltenes Porträt der Laura, wie vor allem die Beschreibung der weiblichen Schönheit zeigt, die im Einklang mit dem petrarkistischen Ideal steht. Auch Giovanni della Casa hebt in seinem Sonett das blonde Haar und die milchig-weiße Haut Elisabetta Querinis hervor. Neu gegenüber Petrarca ist, daß in den Porträtgedichten der Renaissance die dargestellte Frau häufig als lebendige Person geschildert wird, die sich dem Betrachter zuzuwenden scheint.

Bibl.: Rogers 1986.

209 *Das Abendmahl* (Öl auf Leinwand, 208,5 x 463 cm, 1557–1564, El Escorial, Real Monasterio de San Lorenzo, Signatur: TITIANVS F.) wurde

1565 nach Spanien geschickt, wo es spätestens 1574 im Refektorium des Escorial aufgestellt wurde, wofür es an allen Seiten beschnitten werden mußte. Es war vermutlich nicht von Beginn an für Philipp II. gedacht, da Tizian in einem Brief vom 28. Juli 1563 an den König berichtet, daß er das Gemälde bereits sieben Jahre zuvor begonnen habe. Möglicherweise war es von den Mönchen von Santi Giovanni e Paolo in Venedig in Auftrag gegeben worden, die – wie Vasari selbst schreibt – ebenfalls ein Abendmahl bei Tizian bestellt hatten. Es ist angenommen worden, daß Tizian sich schließlich dazu entschloß, dieses Gemälde an Philipp II. zu schicken und für die Ordensbrüder eine Variante des Bildes zu malen. Allerdings könnte es sich bei dem Bild im Escorial auch um eine Variante des von den venezianischen Mönchen in Auftrag gegebenen Gemäldes handeln.

Bibl.: Hope 1980b, S. 145–146; García-Frías Checa 1999.

[210] Das *Martyrium des Heiligen Laurentius* (Öl auf Leinwand, 440 x 320 cm, 1564–1567, El Escorial, Real Monasterio de San Lorenzo, Iglesia Vieja) war 1564 von Philipp II. für den Hochaltar der neuen Klosterkirche des Escorial in Auftrag gegeben worden, die dem Heiligen Laurentius gewidmet war. Da die Maße allerdings nicht mit dem Hochaltar in der neuen Kirche übereinstimmten, wurde das Bild schließlich in der alten Kirche aufgestellt, wo es sich noch heute befindet. Das Gemälde basiert auf einer früheren Version (Venedig, Gesuiti), die Tizian allerdings modifizierte, indem er zahlreiche Elemente entfernte, um die dramatische Wirkung des Bildgeschehens zu intensivieren.

Nachdem Tizian das Bild vollendet hatte, schlug er Philipp II. vor, zusammen mit seinem Sohn und einem weiteren Mitarbeiter eine Serie von Gemälden zu malen, in denen das Leben des Heiligen Laurentius dargestellt wird, was er allerdings nicht mehr realisieren konnte.

Bibl.: Kat. Tiziano 2003, Kat.-Nr. 57, S. 280–281 (Miguel Falomir).

[211] Die *Kreuzigung* war für die Grablege der Familie d'Anna in der venezianischen Kirche San Salvador gedacht. Dieses Vorhaben konnte jedoch nicht realisiert werden (siehe Anm. 152). Das Altarbild ist möglicherweise als Fragment erhalten (Öl auf Leinwand, 137 x 149 cm, um 1566, Bologna, Pinacoteca Nazionale). Allerdings ist die Zuschreibung an Tizian strittig.

Bibl.: Wethey 1969–1975, Bd. I, Kat.-Nr. 30, S. 85.

[212] Tizians Votivbild *Der Doge Antonio Grimani vor der Allegorie des Glaubens* (Öl auf Leinwand, 365 x 500, 1555–1576, Venedig, Palazzo Ducale, Sala delle Quattro Porte) wurde erst am 22. März 1555 unter dem Dogen Francesco Venier (Amtszeit: 1554–1556) vom Consiglio dei Dieci in Auftrag gegeben. Es war wahrscheinlich bei Tizians Tod im Jahre 1576 noch unvollendet und könnte schließlich von Cesare Vecellio fertiggestellt

worden sein. Vermutlich versäumte es Antonio Grimani (* 1436 – † 1523, Doge seit 1521) während seiner Amtszeit, ein solches Bild in Auftrag zu geben. Da derartige Bilder aber offenbar die Kontinuität der venezianischen Regierung veranschaulichen sollten, holte der Consiglio dei Dieci unter Francesco Venier dieses Versäumnis nach.

Bibl.: Wolters 1983, S. 100–101.

[213] Cristoforo (*um 1520 – † um 1577) und Stefano Rosa (*um 1530 – † um 1572).

Dokumenten zufolge war Tizian 1564 nach Brescia gegangen, um dort den Vertrag über die Deckengemälde für den großen Saal im Palazzo Comunale zu unterzeichnen. Die 1568 von seinem Sohn Orazio Vecellio angebrachten Bilder wurden bei einem Brand am 18. Januar 1575 zerstört. Von der Darstellung der *Schmiede des Vulcan* hat sich ein Reproduktionsstich Cornelis Corts erhalten (41,6 x 39,3 cm, 1572, Amsterdam, Rijksmuseum, Rijksprentenkabinet).

Bibl.: Wethey 1969–1975, Bd. III, S. 87–89, Kat.-Nr. L–1, S. 225.

[214] Lange wurde das von Vasari hier erwähnte Gemälde mit dem in Madrid befindlichen Bild *Spanien kommt der Religion zu Hilfe* identifiziert (Öl auf Leinwand, 168 x 168 cm, 1572–1575, Madrid, Museo Nacional del Prado, Signatur: TITIANUS F.). Vasari sah aber sicherlich nicht dieses, sondern ein anderes Bild, wie Röntgenaufnahmen und Infrarotuntersuchungen des Madrider Gemäldes deutlich gemacht haben, die keine Änderung bei den Attributen offenlegen konnten. Vermutlich meint Vasari hier ein nicht mehr erhaltenes Gemälde, das Tizian vor 1568 an Maximilian II. sandte und von dem Giulio Fontana einen Stich angefertigt hat. Das Madrider Bild gilt daher nunmehr als Variante des Gemäldes für Maximilian II.

Bibl.: Kat. Tiziano 2003, Kat.-Nr. 62, S. 290–291 (Miguel Falomir).

[215] Dieses *Noli me tangere* ist wahrscheinlich nicht erhalten.

[216] Die für Philipp II. gemalte *Grablegung Christi* (Öl auf Leinwand, 137 x 175 cm, 1559, Madrid, Museo Nacional del Prado, Signatur: TITIANVS VECELLIVS AEQVES CAES) entstand, nachdem die frühere Version des Bildes auf dem Transport von Venedig nach Flandern 1557 verlorengegangen war. Vasari könnte, als er 1566 in der Werkstatt Tizians war, aber auch eine Variante des Madrider Bildes gesehen haben, die im Auftrag des venezianischen Senats für Antonio Pérez gemalt wurde (Öl auf Leinwand, 130 x 168 cm, um 1572?, Madrid, Museo Nacional del Prado).

Bibl.: Wethey 1969–1975, Bd. I, Kat.-Nr. 38, S. 91–92; Kat. Tiziano 2003, Kat.-Nr. 47 und 48, S. 260–263 (Miguel Falomir).

[217] Hierbei könnte es sich um die *Madonna mit dem Kind* in London (Leinwand, 75,6 x 63,2 cm, National Gallery) oder in München handeln

(Leinwand, 174 x 133 cm, Alte Pinakothek).

[218] Von den zahlreichen eigenständigen Selbstbildnissen, die Tizian von sich schuf, haben sich lediglich zwei erhalten, von denen dasjenige in Madrid meist mit dem von Vasari hier beschriebenen identifiziert wird, da es im Gegensatz zum Berliner Bild als vollendet gilt (Öl auf Leinwand, 86 x 65 cm, um 1562?, Madrid, Museo Nacional del Prado; Öl auf Leinwand, 96 x 75 cm, um 1546–47?, Berlin, Staatliche Museen, Preußischer Kulturbesitz, Gemäldegalerie). Die vielfach als unvollendet angesehenen Hände des Berliner Porträts, in dem sich Tizian mit der Goldkette als Zeichen des Ritters vom Goldenen Sporn, aber ohne die für Künstlerselbstbildnisse sonst typischen Attribute seines Berufes zeigt, könnte Tizian aber auch bewußt als solche dargestellt haben, um seine ›Arbeitsinstrumente‹ und den Arbeitsprozeß des Malens in den Vordergrund zu rücken. Außergewöhnlich ist die Größe des Bildes, die der von Tizian gemalten Porträts von Adligen entspricht, und die Tatsache, daß Tizian sich hier den Blicken des Betrachters entzieht. Auch dies könnte ein Indiz dafür sein, daß Tizian sich selbst in die Nähe der von ihm dargestellten Adligen rücken wollte, um so den Beruf des Künstlers zu nobilitieren.

Auch beim Selbstbildnis in Madrid hat Tizian seinen hohen Status als Künstler in den Vordergrund rücken wollen, wie vor allem die Kleidung und die Goldkette signalisieren. Eine weitere Parallele zum Berliner Bild besteht darin, daß sich Tizian hier nicht aktiv beim Malen eines Gemäldes, sondern vielmehr in reflektierender Haltung zeigt. Rubens, der zahlreiche Kopien nach Werken Tizians malte, erwarb das Madrider Selbstporträt später für seine Sammlung, woraus sich die folgenreiche Wirkung dieses Bildnisses ablesen läßt.

Bibl.: Freedman 1990; Woods-Marsden 1998, S. 159–167, 261–262. Zum Madrider Selbstbildnis siehe Kat. Titian 2003, Kat.-Nr. 33, S. 158–159 (Caroline Campbell); Kat. Tiziano 2003, Kat.-Nr. 53, S. 272–273 (Miguel Falomir). Zum Berliner Selbstbildnis siehe Kat. Titian 2003, Kat.-Nr. 28, S. 142–143 (David Jaffé).

[219] Dieses Gemälde mit dem Heiligen Paulus ist vermutlich verloren.

[220] Vasaris Vita hat wesentlich die Vorstellung von einem ›Altersstil‹ Tizians geprägt und damit auch eine Diskussion über den Vollendungsgrad von Tizians Werken ausgelöst. Indem Vasari hier Tizian dafür rügt, daß er in seinen letzten Jahren nicht nur für sich zum Zeitvertreib male und dadurch seinen guten Ruf gefährde, den er sich mit früheren Bildwerken erworben habe, da er nun durch den natürlichen körperlichen Verfall zum Unvollkommenen (»tendeva all'imperfetto«) neige, zieht er eindeutig eine Verbindung zwischen dem angeblichen Verfall des Künstlers und der ›Imperfektion‹ vieler seiner späten Werke. Damit kann Va-

sari eigentlich nur jene Werke meinen, die Tizian in einem fleckigen Malstil ausgeführt hat, spricht er doch kurz zuvor von einem »späten fleckigen Stil« (»ultima maniera fatta di macchie«). In diesem Zusammenhang ist bedeutsam, daß Vasari die 1563–1566 gemalte *Verkündigung* für San Salvador (siehe Anm. 152) als eines von mehreren Beispielen für Bilder nennt, die Tizian selbst angeblich nicht sehr geschätzt habe und denen es an Vollendung (»perfezzione«) mangele.

Bibl.: Zum ›Altersstil‹ Tizians siehe Ost 1992; Kat. Der späte Tizian 2007; Nichols 2013, S. 123–155.

221 Giovanni Maria Verdizotti (* 1525 – † 1600), Gelehrter, Maler und Stecher

222 Die Darstellungen von Apoll und Diana sind nicht identifiziert oder nicht erhalten.

223 Hierbei handelt es sich um den niederländischen Maler und Zeichner Jan Stephan oder Johannes Stephanus van Calcar (* um 1499 Kalkar – † 1546 Neapel), der seit der ersten Hälfte der 1530er Jahre in der Tizian-Werkstatt tätig war. Später lebte und arbeitete er in Neapel, wo er sich 1545 mit Vasari anfreundete.

224 Der flämische Medizingelehrte Andreas Vesalius (eigentlich Andries van Wesel, * 1514/1515 Brüssel – † 1564 auf der ionischen Insel Zakinthos) hatte 1537 bis 1542 den Lehrstuhl für Anatomie an der Universität von Padua inne. Durch seine an Menschen vorgenommenen Sektionen erkannte er, daß der bis in die frühe Neuzeit als Autorität für das medizinische Wissen geltende antike Arzt Galen nur Tiere seziert hatte und daß sich dieses Wissen nicht auf die menschliche Anatomie anwenden ließ. In seinem einflußreichen Traktat *De humani corporis fabrica libri septem* (Basel 1543) korrigierte er daher einige Irrtümer Galens. Andreas Vesalius war zeitweise Leibarzt von Kaiser Karl V.

Das genaue Ausmaß der Mitarbeit Calcars an den Zeichnungen für die Holzschnitte, die Vesalius' Traktat illustrieren, ist nicht zweifelsfrei geklärt. Es wird angenommen, daß die Zeichnungen für die Holzschnitte auf mehrere Künstler zurückzuführen sind, die zum Umkreis Tizians zählten. Sicherlich wirkte auch Tizian selbst an den Zeichnungen mit. Eine Zusammenarbeit zwischen Calcar und Vesalius gilt jedoch für die *Tabulae anatomicae sex* (Venedig 1538) als gesichert, da Vesalius selbst hier Calcar als Künstler nennt.

Bibl.: Harcourt 1987; Muraro 1980.

225 Paris Bordone oder Bordon (* um 1500 Treviso – † 1571 Venedig). Die folgenden Angaben Vasaris beruhen sicherlich auf Berichten Paris Bordones, den er 1566 während seines Aufenthaltes in Venedig kennenlernte.

[226] Die *Geschichte Noahs* wurde ebenso wie Tizians Werk bei der Umgestaltung der Loggia del Capitanio in Vicenza im Jahre 1571 zerstört.
[227] Die Fresken wurden bei der Umgestaltung der Rialto-Brücke 1588 bis 1591 zerstört.
[228] Die Fassadenbemalungen in Venedig sind nicht erhalten.
[229] Die Fassadenbemalungen in Treviso sind nicht erhalten.
[230] Das Porträt des Alberto Onigo (* 1525) ist vermutlich nicht mehr erhalten.
[231] Das Porträt Marco Seravalles ist nicht identifiziert oder nicht erhalten.
[232] Das Porträt des Rechtsgelehrten Francesco da Quer (* 1520 – † 1576) ist nicht identifiziert oder nicht erhalten.
[233] Das Porträt des Giulio Rovere (* 1499 – † 1571) ist nicht identifiziert oder nicht erhalten.
[234] Das Porträt des Monsignor Alberti ist nicht identifiziert oder nicht erhalten.
[235] Die 1550–1551 ausgeführte Tafel mit der Darstellung der *Heiligen Mysterien* (Öl auf Holz, 86,5 x 129 cm, Treviso, Dom) wurde vom Kanonikus Andrea Salomon in Auftrag gegeben.
Bibl.: Kat. Paris Bordon 1984, Kat.-Nr. 26, S. 94–95 (Eugenio Manzato).
[236] Alvise di Rover hatte das Gemälde zusammen mit seiner Gemahlin Aurelia Pola in Auftrag gegeben.
[237] Die *Anbetung der Hirten* (Öl auf Leinwand, ursprüngliche Größe: 333 x 182 cm, um 1560, Treviso, Dom) befand sich früher auf dem Altar der Cappella dei Rover in der Kirche San Francesco in Treviso.
Bibl.: Kat. Paris Bordon 1984, Kat.-Nr. 32, S. 104–105 (Eugenio Manzato).
[238] Das Gemälde *Jungfrau Maria mit dem Jesuskind, dem Heiligen Johannes dem Täufer und dem Heiligen Hieronymus* (Öl auf Leinwand, 282 x 172 cm, um 1555–1560?, Treviso, Museo Civico) befand sich ursprünglich in der Kirche San Girolamo in Treviso.
Bibl.: Kat. Paris Bordon 1984, Kat.-Nr. 30, S. 100–101 (Eugenio Manzato).
[239] *Das Paradies* (Öl auf Leinwand, 333 x 166 cm, um 1560, Treviso, Museo Civico, Depositum der Gallerie dell'Accademia in Venedig) war für den Hauptaltar der Ognissanti-Kirche in Treviso gemalt worden.
Bibl.: Kat. Paris Bordon 1984, Kat.-Nr. 36, S. 110–111 (Eugenio Manzato).
[240] Das Altarbild mit den *Heiligen Laurentius, Hieronymus, Petrus, Johannes den Täufer und Sebastian* (Öl auf Leinwand, 1562, Treviso, Dom) befand sich ursprünglich in der Kirche San Lorenzo in Treviso.

[241] Diese Christusdarstellung ist nicht erhalten.
[242] Diese Heiligendarstellung ist nicht erhalten.
[243] *Die Jungfrau empfiehlt den Heiligen Dominikus dem Salvator* (Öl auf Holz, 146 x 106 cm, um 1557–1558, Mailand, Pinacoteca di Brera)
[244] *Die Übergabe des Ringes an den Dogen* (Öl auf Leinwand, 370 x 300 cm, 1534–1540, Venedig, Gallerie dell'Accademia), bei der es sich um ein Leinwandbild und nicht um ein Fresko handelt, wie Vasari im folgenden schreibt, war für die Sala dell'Albergo in der Scuola Grande di San Marco gemalt worden und zeigt eine Szene aus der Markuslegende, in der ein Fischer, den der Heilige Markus gerettet hatte, dessen Ring dem Dogen überbringt. Der Ring symbolisierte in der venezianischen Staatsikonographie zugleich die Vermählung Venedigs mit dem Meer. Für die gemalte Architekturkulisse des Bildes griff Paris Bordone auf die Bücher II und IV des damals noch unpublizierten Architekturtraktats seines Freundes Sebastiano Serlio zurück.
Bibl.: Humfrey 1985; Puppi 1985.
[245] Diese Christusdarstellung ist nicht erhalten.
[246] Das sich *in situ* befindende Tafelbild stellt die *Heiligen Andreas, Petrus und Nikolaus* dar (Öl auf Holz, 245 x 165 cm, um 1554, Venedig, San Giobbe).
[247] *Das letzte Abendmahl* (Öl auf Leinwand, 175 x 240 cm, nach 1566, Venedig, San Giovanni in Bragora) befindet sich noch *in situ.*
[248] Das Gemälde mit den *Heiligen Antonius, Dominikus und Blasius* (Öl auf Leinwand, 202 x 121 cm, Treviso, Museo Civico) befand sich ursprünglich in der venezianischen Kirche Santa Maria della Celestia.
[249] Nicht erhalten
[250] Es ist vermutet worden, daß Paris Bordone erst um 1559 nach Frankreich reiste. Daher könnte es sich bei dem von Vasari erwähnten König Franz um Franz II. (* 1544 Fontainebleau – † 1560 Orléans) handeln, der 1559 König von Frankreich wurde.
[251] Diese Werke sind nicht zweifelsfrei identifiziert.
[252] Hierbei handelt es sich vermutlich um Herzog Franz I. von Lothringen, Herzog von Guise (* 1519 Bar-le-Duc – † 1563 Saint-Mesmin bei Orléans), der unter König Franz II. zusammen mit seinem Bruder Karl (* 1524 Joinville – † 1574 Avignon), dem Kardinal von Lothringen, die Regierung Frankreichs kontrollierte.
[253] Die Identifizierung mit einer *Verkündigung* in Caen (Musée des Beaux- Arts) ist umstritten.
[254] Dieses Bild wurde mit Paris Bordones Warschauer Gemälde *Venus und Cupido* identifiziert (Öl auf Leinwand, 95 x 143 cm, Warschau, Nationalmuseum).

Bibl.: Waźbiński 1985.

[255] Kardinal Karl von Lothringen (* 1524 Joinville – † 1574 Avignon) war Mitglied der katholischen Liga, deren erklärtes Ziel der Kampf gegen die Calvinisten war. 1562 vertrat er die französische Kirche beim Konzil von Trient. Von den Hugenotten wurde Karl beschuldigt, das Massaker in der sogenannten Bartholomäusnacht initiiert zu haben.

[256] Das *Ecce Homo* ist nicht identifiziert.

[257] Hierbei könnte es sich um *Jupiter und Io* in Göteborg handeln (Öl auf Leinwand, 135,5 x 117,5 cm, um 1559, Konstmuseum).

Bibl.: Kat. Paris Bordon 1984, Kat.-Nr. 35, S. 108–109 (Giordana Mariani Canova).

[258] Sigismund II. August (*1520 Krakau – † 1572 Knyszyn bei Białystok), von 1530 bis 1572 König von Polen

[259] Der heutige Aufbewahrungsort des Gemäldes ist nicht bekannt.

[260] Beide Gemälde wurden wahrscheinlich als Teil der Sammlung Maria von Ungarns 1556 nach Spanien transferiert, wo sie möglicherweise beim Brand im Madrider Schloß Pardo im Jahre 1604 zerstört wurden.

[261] Angelo Candiano war seit 1534 Leibarzt der Königin Maria von Ungarn.

[262] Die Fugger waren eine bedeutende Kaufmannsfamilie aus Augsburg. Jakob Fugger II. beispielsweise war Bankier der Päpste, der römischen Kurie und des Kaisers.

[263] Die Arbeiten für die Fugger sind nicht zweifelsfrei identifiziert.

Bibl.: Garas 1985.

[264] Die Identifizierung mit Paris Bordones *Kampf der Gladiatoren* (Öl auf Leinwand, Wien, Kunsthistorisches Museum) ist umstritten. Für die das Bild besonders dominierende Architekturkulisse griff Bordone erneut auf Serlio zurück, diesmal auf Buch III seines Architekturtraktats.

Bibl.: Für eine Identifizierung mit dem *Kampf der Gladiatoren* siehe Garas 1985.

[265] Otto Truchseß von Waldburg (*1514 – †1573), Kardinal von Augsburg

[266] Nicht identifiziert

[267] Das *Pfingstwunder* (Öl auf Leinwand, 305 x 220 cm, 1525–1526, Mailand, Pinacoteca di Brera) stammt aus Santo Spirito in Crema und nicht aus Sant'Agostino.

Die von Giulio Manfron († 1526), *condottiere* im Dienst der venezianischen Republik, oder von dessem Vater Giampaolo zum Andenken an seinen Sohn in Auftrag gegebene *Thronende Madonna mit dem Kind zwischen dem Heiligen Georg und dem Heiligen Christophorus* (Öl auf Leinwand, 210 x 160 cm, Lovere, Galleria dell'Accademia Tadini) entstand vermutlich 1524–1527.

Bibl.: Kat. Paris Bordon 1984, Kat.-Nr. 3, S. 56–58 (Giordana Mariani Canova).

268 Die *Thronende Madonna mit dem Kind und den Heiligen Fabian, Rochus, Sebastian und Katharina* (Öl auf Holz, 296 x 179 cm, Berlin, Staatliche Museen, Preußischer Kulturbesitz, Gemäldegalerie) stammte ursprünglich aus Santa Maria dei Battuti in Belluno.

269 Nicht erhalten

270 Ottaviano Grimaldi war ein Genueser Kaufmann, der sich im Jahre 1524 in Venedig aufhielt.

271 Hierbei könnte es sich um das Paris Bordone zugeschriebene *Porträt eines Edelmannes* in Genua handeln (Öl auf Leinwand, 110 x 83 cm, Galleria di Palazzo Rosso).

272 Paris Bordone hat so wie Tizian eine ganze Reihe von Porträts schöner Frauen gemalt, deren Identität meist unbekannt ist.

Bibl.: Zu den *belle donne* siehe Cropper 1987; Junkerman 1988; Simons 1995.

273 Die Pala für die Privatkapelle von Carlo da Rhò in der Mailänder Kirche S. Maria presso S. Celso befindet sich noch *in situ*. Mit der darunter liegenden Landschaft meint Vasari vermutlich die den Heiligen Rochus zeigende Predella. Carlo da Rhò starb um 1559–1560 auf Malta, während er für den Vizekönig Don Alvaro de Sande gegen die Türken kämpfte.

274 *Mars und Venus, von Vulkan überrascht* (Öl auf Leinwand, 168 x 198 cm, Berlin, Staatliche Museen, Preußischer Kulturbesitz, Gemäldegalerie)

275 *Bathseba im Bade* (Öl auf Leinwand, 231 x 214 cm, 1550–1552, Köln, Wallraf-Richartz-Museum)

276 Das Porträt von Carlo da Rhò ist nicht erhalten.

277 Das Porträt von Paola Visconti, der Frau Carlo da Rhòs, befindet sich im Palacio Real in Sintra (Portugal).

278 Nicht identifiziert

279 Nicht identifiziert

280 Der Genueser Tommaso Marino (*1475 – †1572) lebte seit 1547 in Mailand, wo er das Amt des Schatzmeisters innehatte. 1563 wurde er zum Herzog von Terranova ernannt.

281 Nicht identifiziert

282 Paris Bordone wird hier sicherlich bewußt Tizian gegenübergestellt, über den Vasari ja kurz zuvor noch schreibt, daß er besser daran getan hätte, in seinem hohen Alter nicht mehr für Geld zu malen, da er mittlerweile durch körperlichen Verfall zum Unvollkommenen neige und so seinen guten Ruf gefährde.

[283] Margarethe von Frankreich (*1523 – †1574), Tochter von Franz I., wurde durch ihre Heirat mit Emmanuel Philibert im Jahre 1559 Herzogin von Savoyen.
[284] Dieses Venusbild ist vermutlich nicht erhalten.
[285] Vasari macht in dieser Passage über die Mosaikkunst deutlich, daß die Stadt Venedig im Gegensatz zu anderen Städten Italiens, wie Florenz, noch im 16. Jahrhundert bemüht war, diese Kunst weiterhin zu fördern. Indem Vasari die Mosaikkunst als »maniera di pittura« bezeichnet, definiert er sie gewissermaßen als Übersetzung von Malerei in Mosaik. In dieser Passage wird Tizian außerdem zum Erneuerer der Mosaikkunst und die Brüder Zuccato zu den herausragendsten Mosaizisten stilisiert. Tizian lieferte vermutlich die Entwürfe für die Mosaiken in der Sakristei von San Marco, die im Œuvre des Künstlers eine wichtige Rolle spielen. Darüber hinaus hat Tizian wahrscheinlich auch die Entwürfe für die Mosaiken im Narthex von San Marco gefertigt, die von den Zuccato ausgeführt wurden.
Bibl.: Merkel 1980.
[286] Giotto (*um 1267–1275 vermutlich in Vespignano bei Florenz – †1337 Florenz)
[287] Alesso Baldovinetti (*um 1425 Florenz – † 1499 ebenda), Florentiner Maler und Mosaizist
[288] Vinzenzo Bianchini führte die im Narthex von San Marco befindliche Darstellung des *Urteils Salomons* im Jahre 1538 aus.
[289] Das Mosaik mit der *Wurzel Jesse* wurde nach dem Karton von Giuseppe della Porta, genannt ›il Salviati‹, von Vincenzo Bianchini und nicht von seinem Bruder Domenico, genannt ›il Rosso‹, ausgeführt.
[290] Hierbei handelt es sich vermutlich um Domenico Bianchini, genannt ›il Rosso‹, der in San Marco als Mosaizist tätig war.
[291] Valerio Zuccato († um 1577) und sein Bruder Francesco († um 1572–1577) entstammten einer in Venedig tätigen Maler- und Mosaizistenfamilie. Beide arbeiteten gemeinsam in San Marco. Lodovico Dolce zufolge verbrachte Tizian einen Teil seiner Lehrzeit bei Valerios und Francescos Vater, Sebastiano Zuccato.
[292] Hierbei muß es sich um Francesco Zuccato handeln.
[293] Das Mosaik mit der *Apokalypse* wurde von Francesco Zuccato signiert und ist 1570 datiert.
[294] Textauslassung bei Vasari; konnte nicht identifiziert werden. Das zuvor genannte Porträt Pietro Bembos (datiert 1542) befindet sich heute im Bargello in Florenz (Mosaik, 84 x 64 cm).
[295] Bartolomeo Bozza († 1594), venezianischer Mosaizist, der von 1532 bis zu seinem Tode in der Bauhütte von San Marco tätig war

[296] Hierbei handelt es sich um Girolamo Dente (* um 1510 – † um 1566), auch als Girolamo di Tiziano bekannt, einen langjährigen Mitarbeiter und Freund Tizians.

Bibliographie

Bettarini/Barocchi, *Vite*

Bettarini, Rosanna/Barocchi, Paola (Hgg.): *Giorgio Vasari. Le vite de' più eccellenti pittori, scultori e architettori nelle redazioni del 1550 e 1568*, Florenz 1966–87, 6 Bde.

DBI

Dizionario Biografico degli Italiani, hg. v. Istituto della Enciclopedia Italiana, Rom 1960–2014, 82 Bde.

Vasari, *Bellini und Mantegna*

Giorgio Vasari. Das Leben der Bellini und des Mantegna, hg. und kommentiert von Rebecca Müller, Berlin 2010.

Vasari, *Bramante und Peruzzi*

Giorgio Vasari. Das Leben des Bramante und des Peruzzi, hg. und kommentiert von Sabine Feser, Berlin 2007.

Vasari, *Giorgione, Correggio, Palma il Vecchio und Lorenzo Lotto*

Giorgio Vasari. Das Leben des Giorgione, Correggio, Palma il Vecchio und Lorenzo Lotto, hg. und kommentiert von Sabine Feser und Hana Gründler, Berlin 2008.

Vasari, *Michelangelo*

Giorgio Vasari. Das Leben des Michelangelo, hg. und kommentiert von Caroline Gabbert, Berlin 2009.

Aikema 2004

Aikema, Bernard: ›Giorgione und seine Verbindung zum Norden: Neue Interpretationen zur *Vecchia* und zur *Tempesta*‹, in: Sylvia Ferino-Pagden/Giovanna Nepi Scirè (Hgg.): *Giorgione: Mythos und Enigma*, Ausst.-Kat. Kunsthistorisches Museum Wien, Wien/Mailand 2004, S. 105–109.

Anderson 1977

Anderson, Jaynie: ›'Christ Carrying the Cross' in San Rocco: Its Commission and Miraculous History‹, in: *Arte Veneta*, 1977, Bd. XXXI, S. 186–188.

Anderson 1984
Anderson, Jaynie: ›Pietro Aretino and Sacred Imagery‹, in: David Rosand (Hg.): *Interpretazioni veneziani*, Venedig 1984, S. 275–290.
Arasse 1986
Arasse, Daniel: *Tiziano: Venere d'Urbino*, Venedig 1986.
Aretino, Ed. Camesasca
Aretino, Pietro: *Lettere sull'arte*, hg. von E. Camesasca, Mailand 1957–1960, 3 Bde.
Artemieva 2012
Artemieva, Irina: ›New Light on Titian's 'Flight into Egypt' by Titian in the Hermitage‹, in: *The Burlington Magazine*, 2012, Bd. CLIV, S. 4–11.
Aurenhammer 1993
Aurenhammer, Hans H.: *Tizian. Die Madonna des Hauses Pesaro. Wie kommt Geschichte in ein venezianisches Altarbild?* (Reihe Kunststück), Frankfurt am Main 1993.
Basso 1994
Basso, Amalia: ›Sui ritrovati affreschi di Giovanni Antonio da Pordenone nella chiesa veneziana di San Giovanni Elemosinario‹, in: *Bollettino d'Arte*, 1994, Bd. LXXX–LXXXI, S. 9–24.
Bayer 1998
Bayer, Andrea: ›Dosso's Public: The Este Court at Ferrara‹, in: Andrea Bayer (Hg.): *Dosso Dossi, Court Painter in Renaissance Ferrara*, Ausst.-Kat. The Metropolitan Museum of Art, New York 1998, S.27–54; Kat.-Nr. 19 und 24, S. 130–132 und S. 147–153.
Bierwirth 2002
Bierwirth, Michael: *Tizians Gloria* (Studien zur internationalen Architektur- und Kunstgeschichte, Bd. XV), Petersberg 2002 (Dissertation, Universität München 2001).
Bodart 1998
Bodart, Diane H.: *Tiziano e Federico II Gonzaga. Storia di un rapporto di committenza* ('Europa delle Corti', Centro studi sulle società di antico regime, Biblioteca del Cinquecento, Bd. LXXXII), Rom 1998.
Bohde 2002
Bohde, Daniela: *Haut, Fleisch und Farbe – Körperlichkeit und Materialität in den Gemälden Tizians* (Zephir, Bd. III), Emsdetten/Berlin 2002 (Dissertation, Universität Hamburg 1998).
Brown 1993
Brown, David Alan: ›The Pentimenti in the Feast of the Gods‹, in: Joseph Manca (Hg.): *Titian 500* (Studies in the History of Art, Bd. XLV, Center for Advanced Study in the Visual Art, Symposium Papers, Bd. XXV), Washington 1993, S. 289–299.

Busch 1999
Busch, Werner: ›Aretinos Evokation von Tizians Kunst‹, in: *Zeitschrift für Kunstgeschichte*, 1999, Bd. LXII, S. 91–105.
Carabell 1995
Carabell, Paula: ›Finito and non-finito in Titian's Last Paintings‹, in: *Res*, 1995, Bd. XXVIII, S. 79–93.
Christiansen 2000
Christiansen, Keith: ›Dosso Dossi's Aeneas Frieze for Alfonso d'Este's Camerino‹, in: *Apollo*, 2000, Bd. CLI, S. 36–45.
Clifton 1996
Clifton, James: ›Vasari on Competition‹, in: *Sixteenth Century Journal*, 1996, Bd. XXVII/1, S. 23–41.
Cocke 1971
Cocke, Richard: ›Titian's Santo Spirito Ceiling‹, in: *The Burlington Magazine*, 1971, Bd. CXIII, S. 734.
Cohen 1996
Cohen, Charles E.: *The Art of Giovanni Antonio da Pordenone: Between Dialect and Language* (Cambridge Studies in the History of Art), Cambridge 1996, 2 Bde.
Colantuono 1991
Colantuono, Anthony: ›Dies Alcyoniae: The Invention of Bellini's Feast of the Gods‹, in: *Art Bulletin*, 1991, Bd. LXXIII, S. 237–256.
Cox-Rearick 1984
Cox-Rearick, Janet: *Dynasty and Destiny in Medici Art: Pontormo, Leo X, and the Two Cosimos*, Princeton 1984.
Cox-Rearick 1995
Cox-Rearick, Janet: *The Collection of Francis I. Royal Treasures*, Antwerpen 1995.
Cropper 1987
Cropper, Elizabeth: ›The Beauty of Woman: Problems in the Rhetoric of Renaissance Portraiture‹, in: Margaret W. Ferguson/Maureen Quilligan/Nancy Vickers (Hgg.): *Rewriting the Renaissance. The Discourses of Sexual Difference in Early Modern Europe*, Chicago 1987, S. 175–190, 355–359.
De Caro 1978
De Caro, Gaspare: ›Giovanni Battista di Castaldo‹, in: *DBI*, Rom 1978, Bd. XXI, S. 562–567.
Dolce, Ed. Barocchi
Dolce, Lodovico: ›Dialogo della Pittura, intitolato l'Aretino‹ (1557), in: Paola Barocchi (Hg.): *Trattati d'Arte del Cinquecento fra Manierismo e Controriforma*, Bari 1960, Bd. 1, S. 141–206.

Dreyer 1972
Dreyer, Peter: *Tizian und sein Kreis. 50 venezianische Holzschnitte aus dem Berliner Kupferstichkabinett*, Berlin 1972.
Dunkerton 2003
Dunkerton, Jill: ›Titian's Painting Technique‹, in: David Jaffé (Hg.): *Titian*, Ausst.-Kat. National Gallery London, London 2003, S. 44–59, 189.
Dunkerton/Fletcher/Joannides 2013
Dunkerton, Jill/Fletcher, Jennifer/Joannides, Paul: ›A Portrait of 'Girolamo Fracastoro' by Titian in the National Gallery‹, in: *The Burlington Magazine*, 2013, Bd. CLV, S. 4–15.
Fehl 1974
Fehl, Philipp P.: ›The Worship of Bacchus and Venus in Bellini's and Titian's Bacchanals for Alfonso d'Este‹, in: *Studies in the History of Art* (Washington, National Gallery), 1974, Bd. VI, S. 37–96.
Fehl 1980
Fehl, Philipp P.: ›Titian and the Olympian Gods: The 'Camerino' for Philipp II‹, in: *Tiziano e Venezia*, Convegno internazionale di studi (Venedig 1976), Vicenza 1980, S. 139–147.
Ferino-Pagden 1999
Ferino-Pagden, Sylvia: ›Il Ritratto di Giovanni Federico, Duca di Sassonia a Vienna. Considerazione storico-artistiche‹, in: *Tiziano. Técnicas y restauraciones*, Kongreßakten (Madrid, Museo Nacional del Prado, 3.–5. Juni 1999), Madrid 1999, S. 73–85.
Ferino-Pagden 2005
Ferino-Pagden, Sylvia (Hg.): *Tizian versus Seisenegger*, Turnhout 2005.
Finocchi Ghersi 1997
Finocchi Ghersi, Lorenzo: ›Artisti e commitenti a San Salvador‹, in: *Arte Veneta*, 1997, Bd. VI, S. 21–39.
Freedman 1990
Freedman, Luba: *Titian's Independent Self-Portraits* (Pocket Library of Studies in Art, Bd. XXVI), Città di Castello 1990.
Freedman 1995
Freedman, Luba: *Titian's Portraits through Aretino's Lens*, University Park 1995.
Frey 1923–1930
Frey, Karl: *Der literarische Nachlaß Giorgio Vasaris*, München 1923–1930, 3 Bde.
Frimmel 1888
Frimmel, Theodor (Hg.): *Der Anonimo Morelliano, Marcanton Michiels Notizia d'opere del disegno*, Wien 1888.

Furlan 1988
Furlan, Caterina: *Il Pordenone*, Mailand 1988.
Garas 1985
Garas, Klára: ›Opere di Paris Bordon di Augusta‹, in: *Paris Bordon e il suo tempo*, Atti del convegno internazionale di studi (Treviso, 28.–30. Oktober 1985), Treviso 1985, S. 71–78.
García-Frías Checa 1999
García-Frías Checa, Carmen: ›Análisis crítico de dos obras restauradas de Tiziano en el Monasterio de El Escorial: la Última Cena y el San Juan Bautista‹, in: *Tiziano. Técnicas y restauraciones*, Kongreßakten (Madrid, Museo Nacional del Prado, 3.–5. Juni 1999), Madrid 1999, S. 139–151.
Ginzburg 1978
Ginzburg, Carlo: ›Tiziano, Ovidio e i codici della figurazione erotica nel Cinquecento‹, in: *Paragone*, 1978, Bd. CCCIXL, S. 3–24.
Goffen 1986
Goffen, Rona: *Piety and Patronage in Renaissance Venice*, New Haven/London 1986.
Goffen 1997
Goffen, Rona (Hg.): *Titian's Venus of Urbino*, Cambridge 1997.
Goodgal 1978
Goodgal, Dana: ›The camerino of Alfonso I d'Este‹, in: *Art History*, 1978, Bd. I, S. 162–190.
Gramaccini 1980
Gramaccini, Norberto: *Alfonso Lombardi* (Neue Kunstwissenschaftliche Studien, Bd. IX), Frankfurt am Main/Bern/Cirencester 1980.
Guthmüller/Kühlmann 2000
Guthmüller, Bodo/Kühlmann, Wilhelm (Hgg.): *Europa und die Türken in der Renaissance* (Frühe Neuzeit, Bd. LIV), Tübingen 2000.
Hale 2012
Hale, Sheila: *Titian. His Life*, London 2012.
Harcourt 1987
Harcourt, Glenn: ›Andreas Vesalius and the Anatomy of Antique Sculpture‹, in: *Representations*, 1987, Bd. XVII, S. 28–61.
Hood/Hope 1977
Hood, William/Hope, Charles: ›Titian's Vatican Altarpiece and the Pictures Underneath‹, in: *The Art Bulletin*, 1977, Bd. LIX, S. 534–552.
Hope 1980a
Hope, Charles: ›Problems of Interpretation. Titian's Erotic Paintings‹, in: *Tiziano e Venezia*, Convegno internazionale di studi (Venedig 1976), Vicenza 1980, S. 111–124.

Hope 1980b
Hope, Charles: *Titian*, London 1980.
Hope 1980c
Hope, Charles: ›Titian's Role as Official Painter to the Venetian Republic‹, in: *Tiziano e Venezia*, Convegno internazionale di studi (Venedig 1976), Vicenza 1980, S. 301–305.
Hope 1982
Hope, Charles: ›Titian's Portrait of Giacomo Dolfin‹, in: *Apollo*, 1982, Bd. CXV, S. 158–161.
Hope 1987
Hope, Charles: ›The Camerino d'Alabastro. A Reconsideration of the Evidence‹, in: Görel Cavalli-Björkmann (Hg.): *Bacchanals by Titian and Rubens*, Stockholm 1987, S. 25–42.
Hope 1993
Hope, Charles: ›The Early Biographies of Titian‹, in: Joseph Manca (Hg.): *Titian 500* (Studies in the History of Art, Bd. 45, Center for Advanced Study in the Visual Art, Symposium Papers, Bd. XXV), Washington 1993, S. 167–197.
Hope 2003
Hope, Charles: ›Titian's Life and Times‹, in: David Jaffé (Hg.): *Titian,* Ausst.-Kat. National Gallery London, London 2003, S. 9–28, 186–187.
Hope 2004a
Hope, Charles: ›Giorgiones Fortuna Critica‹, in: Sylvia Ferino-Pagden/Giovanna Nepi Scirè (Hgg.): *Giorgione: Mythos und Enigma*, Ausst.-Kat. Kunsthistorisches Museum Wien, Wien/Mailand 2004, S. 41–55.
Hope 2004b
Hope, Charles: *'When Was Giorgione Born?'*. Vortrag, gehalten beim Giorgione Colloquium, Kunsthistorisches Museum Wien, 11. Juli 2004.
Hope 2008
Hope, Charles: ›Giorgione in Vasari's 'Vite'‹, in: Sylvia Ferino-Pagden (Hg.): *Giorgione entmythisiert*, Turnhout 2008, S. 15–37.
Hubala 1977
Hubala, Erich: ›Tizians Vier-Evangelisten-Bild in der Nikolauskapelle des Dogenpalasts‹, in: Friedrich Piel/Jörg Traeger (Hgg.): *Festschrift Wolfgang Braunfels*, Tübingen 1977, S. 133–142.
Humfrey 1985
Humfrey, Peter: ›Paris Bordon e il completamento del ciclo narrativo nell'albergo della Scuola Grande di San Marco‹, in: *Paris Bordon e il*

suo tempo, Atti del convegno internazionale di studi (Treviso, 28.–30. Oktober 1985), Treviso 1985, S. 41–46.

Humfrey 1988
Humfrey, Peter: ›La Festa del Rosario di Albrecht Dürer‹, in: *Eidos*, 1988, Bd. II, S. 4–15.

Humfrey 1993
Humfrey, Peter: ›The Prehistory of Titian's Assunta‹, in: Joseph Manca (Hg.): *Titian 500* (Studies in the History of Art, Bd. XLV, Center for Advanced Study in the Visual Art, Symposium Papers, Bd. XXV), Washington 1993, S. 223–243.

Humfrey 2003
Humfrey, Peter: ›The Patron and Early Provenance of Titian's 'Three Ages of Man'‹, in: *The Burlington Magazine*, 2003, Bd. CXLV, S. 787–791.

Humfrey 2007
Humfrey, Peter: *Tizian*, Berlin 2007.

Jacobson Schutte 1991
Jacobson Schutte, Anne: ›Irene di Spilimbergo: The Image of a Creative Woman in Late Renaissance Italy‹, in: *Renaissance Quarterly*, 1991, Bd. XLIV, S. 42–61.

Joannides 1991
Joannides, Paul: ›Titian's Daphnis and Chloë. A Search for the Subject of a Familiar Masterpiece‹, in: *Apollo*, 1991, Bd. CXXXIII, S. 374– 382.

Joannides 2001
Joannides, Paul: *Titian to 1518: The Assumption of Genius*, New Haven/London 2001.Joannides 2004
Joannides, Paul: ›Titian and Michelangelo/Michelangelo and Titian‹, in: Patricia Meilman (Hg.): *The Cambridge Companion to Titian* (Cambridge Companions to the History of Art), Cambridge 2004, S. 121–145, 319–322.

Junkerman 1988
Junkerman, Anne: *Bellissima donna: An Interdisciplinary Study of Venetian Sensuous Half-Length Images of the Early Sixteenth-Century Painting*, Berkeley 1988 (Ph. D. University of Calif.).

Kat. Der späte Tizian 2007
Ferino-Pagden, Sylvia (Hg.): *Der späte Tizian und die Sinnlichkeit der Malerei*, Ausst.-Kat. Kunsthistorisches Museum Wien – Gallerie dell'Accademia Venedig, Wien 2007.

Kat. Giorgione 2004
Ferino-Pagden, Sylvia/Nepi Scirè, Giovanna (Hgg.): *Giorgione: Mythos und Enigma*, Ausst.-Kat. Kunsthistorisches Museum Wien, Wien/Mailand 2004.

Kat. Paris Bordon 1984
Paris Bordon, Ausst.-Kat. Palazzo dei Trecento Treviso, Mailand 1984.
Kat. Il Pordenone 1984
Furlan, Caterina (Hg.): *Il Pordenone*, Ausst.-Kat., Mailand 1984.
Kat. The Age of Titian 2004
Weston-Lewis, Aidan (Hg.): *The Age of Titian: Venetian Renaissance Art from Scottish Collections*, Ausst.-Kat. Royal Scottish Academy Building, Edinburgh 2004.
Kat. Titian 2003
Jaffé, David (Hg.): *Titian*, Ausst.-Kat. National Gallery London, London 2003.
Kat. Tiziano 1990
Tiziano, Ausst.-Kat. Palazzo Ducale Venedig, Venedig 1990.
Kat. Tiziano 2003
Falomir, Miguel (Hg.): *Tiziano*, Ausst.-Kat. Museo Nacional del Prado Madrid, Madrid 2003.
Kat. Venezia 2002
Venezia! Kunst aus venezianischen Palästen. Sammlungsgeschichte Venedigs vom 13. bis 19. Jahrhundert, Ausst.-Kat. Kunst- und Ausstellungshalle der Bundesrepublik Deutschland Bonn, Bonn 2002.
Keazor 2002
Keazor, Henry: *Distruggere la maniera?: Die Carracci-Postille* (Rombach-Wissenschaften: Reihe Quellen zur Kunst, Bd. XIX), Freiburg i. Br. 2002.
Keller 1969
Keller, Harald: *Tizians Poesie für König Philipp II. von Spanien*, Wiesbaden 1969.
Ketelsen 1990
Ketelsen, Thomas: *Künstlerviten, Inventare, Kataloge: drei Studien zur Geschichte der kunsthistorischen Praxis*, Ammersbeck bei Hamburg 1990 (Dissertation, Universität Hamburg 1988).
Koos 2001
Koos, Marianne: ›Eine Wende vom Menschen zum Mann? Zum Männlichkeitsentwurf in Tizians 'Drei Lebensalter'‹, in: *Kritische Berichte*, 2001, Bd. IV, S. 20–38.
Koreny 1999
Koreny, Fritz: ›Venice and Dürer‹, in: Bernard Aikema/Beverly L. Brown (Hgg.): *Renaissance Venice and the North. Crosscurrents in the Time of Bellini, Dürer, and Titian*, Ausst.-Kat. Palazzo Grassi Venedig, Venedig 1999, S. 240–331.

Kruse 1987
Kruse, Margot: ›Aretinos Sonette auf Tizian-Porträts‹, in: *Romanistisches Jahrbuch*, 1987, Bd. XXXVIII, S. 78–98.
Kruse 2006
Kruse, Christiane: ›Dialoge über Natur, Künste und Medien: zu Aretinos Briefen und Gedichten auf Tizians Porträts‹, in: Bodo Guthmüller/Berndt Hamm/Andreas Tönnesmann (Hgg.): *Künstler und Literat* (Wolfenbütteler Abhandlungen zur Renaissanceforschung, Bd. XXIV), Wiesbaden 2006, S. 97–120.
Kuenzi 1994
Kuenzi, Katrin: ›Tizians verschollenes 'capolavoro'‹, in: *Georges-Bloch-Jahrbuch*, 1994, Bd. I, S. 135–158.
Labalme 1982
Labalme, Patricia H.: ›Personality and Politics in Venice: Pietro Aretino‹, in: David Rosand (Hg.): *Titian. His World and His Legacy*, New York 1982, S. 119–132.
Land 1986
Land, Norman E.: ›Ekphrasis and Imagination: Some Observations on Pietro Aretino's Art Criticism‹, in: *Art Bulletin*, 1986, Bd. LXVIII, S. 207–217.
Land 1990
Land, Norman E.: ›Titian's Martyrdom of St Peter Martyr and the 'Limitations' of Ekphrastic Art Criticism‹, in: *Art History*, 1990, Bd. XIII, S. 293–317.
Land 1994
Land, Norman E.: *The Viewer as Poet: The Renaissance Response to Art*, Pennsylvania 1994.
Limentani Virdis 1985
Limentani Virdis, Caterina: ›La famiglia d'Anna a Venezia. Contatti col Pordenone, Tiziano e Tintoretto‹, in: Caterina Furlan (Hg.): *Il Pordenone*, Atti del convegno internazionale di studio (23.–25. August 1984), Pordenone 1985, S. 121–126.
Lucchesi Ragni/Agosti 1991
Lucchesi Ragni, Elena/Agosti, Giovanni (Hgg.): *Il polittico Averoldi di Tiziano restaurato*, Brescia 1991.
Luchterhand 1996
Luchterhand, Manfred: ›Im Reich der Venus: zu Peruzzis Sala delle Prospettive in der Farnesina‹, in: *Römisches Jahrbuch der Bibliotheca Hertziana*, 1996, Bd. XXXI, S. 207–244.
Manca 1993
Manca, Joseph: ›What Is Ferrarese about Bellini's Feast of the Gods?‹,

in: Joseph Manca (Hg.): *Titian 500* (Studies in the History of Art, Bd. XLV, Center for Advanced Study in the Visual Art, Symposium Papers, Bd. XXV), Washington 1993, S. 301–313.

Martin 1993
Martin, Andrew J.: ›Motive für den Venedigaufenthalt oberdeutscher Maler. Von Albrecht Dürer bis Johann Carl Loth‹, in: Bernd Roeck/Klaus Bergdolt/Andrew J. Martin (Hgg.): *Venedig und Oberdeutschland in der Renaissance. Beziehungen zwischen Kunst und Wirtschaft* (Schriftenreihe des Deutschen Studienzentrums in Venedig, Bd. IX), Sigmaringen 1993, S. 21–30.

Matthews 2001
Matthews, P. G.: ›Jacob Seisenegger's Portraits of Charles V, 1530–1532‹, in: *The Burlington Magazine*, 2001, Bd. MCLXXV, S. 86–90.

Mazzotta 2012
Mazzotta, Antonio: ›A 'Gentiluomo da Ca' Barbarigo' by Titian in the National Gallery, London‹, in: *The Burlington Magazine*, 2012, Bd. CLIV, S. 12–19.

Meijer 1999
Meijer, Bert W.: ›Titian and the North‹, in: Bernard Aikema/Beverly L. Brown (Hgg.): *Renaissance Venice and the North. Crosscurrents in the Time of Bellini, Dürer, and Titian*, Ausst.-Kat. Palazzo Grassi Venedig, Venedig 1999, S. 498–505.

Meilman 2004
Meilman, Patricia (Hg.): *The Cambridge Companion to Titian* (Cambridge Companions to the History of Art), Cambridge 2004.

Merkel 1980
Merkel, Ettore: ›Tiziano e i mosaicisti a San Marco‹, in: *Tiziano e Venezia*, Convegno internazionale di studi (Venedig 1976), Vicenza 1980, S. 275 –283.

Millner Kahr 1978
Millner Kahr, Madlyn: ›Danaë: Virtuous, Voluptuous, Venal Woman‹, in: *Art Bulletin*, 1978, Bd. LVIII, S. 43–55.

Muraro 1949
Muraro, Michelangelo: ›Zuan Paolo da Ponte‹, in: *Archivio Veneto*, 1949, Bd. XLIV–XLV, S. 77–88.

Muraro 1975
Muraro, Michelangelo: ›The Political Interpretation of Giorgione's Frescoes on the Fondaco dei Tedeschi‹, in: *Gazette des Beaux-Arts*, 1975, Bd. LXXXVI, S. 177–184.

Muraro 1980
Muraro, Michelangelo: ›Tiziano e le anatomie del Vesalio‹, in: *Tiziano e Venezia*, Convegno internazionale di studi (Venedig 1976), Vicenza 1980, S. 307–316.

Muraro/Rosand 1976
Muraro, Michelangelo/Rosand, David (Hgg.): *Tiziano e la silografia veneziana del Cinquecento*, Vicenza 1976.
Mutini 1988
Mutini, Claudio: ›Giovanni della Casa‹, in: *DBI*, Rom 1988, Bd. XXXVI, S. 699–719.
Nash 1985
Nash, Jane C.: *Veiled Images: Titian's Mythological Paintings for Philipp II*, Philadelphia/London/Toronto 1985.
Nichols 2013
Nichols, Tom: *Titian and the End of the Venetian Renaissance*, London 2013.
Nova/Feser/Lorini 2001
Nova, Alessandro/Feser, Sabine/Lorini, Victoria (Hgg.): *Die Anfänge der Maniera Moderna: Giorgio Vasaris Viten. Proemio, Leonardo, Giorgione, Correggio*, Hildesheim/Zürich/New York 2001.
Och 2001
Och, Marjorie: ›Vittoria Colonna and the Commission for a Mary Magdalene by Titian‹, in: Sheryl E. Reiss/David G. Wilkins (Hgg.): *Beyond Isabella: Secular Women Patrons of Art in Renaissance Italy* (Sixteenth Century Essays and Studies, Bd. LIV), Kirksville 2001, S. 193–223.
Ost 1992
Ost, Hans: *Tizian-Studien*, Köln 1992.
Panofsky 1969
Panofsky, Erwin: *Problems in Titian: Mostly Iconographic* (The Wrightsman Lectures, Bd. II), New York 1969.
Pardo 1993
Pardo, Mary: ›Artifice as Seduction in Titian‹, in: James G. Turner (Hg.): *Sexuality and Gender in Early Modern Europe – Institutions, Texts, Images*, Cambridge 1993, S. 55–89.
Pedrocco 2000
Pedrocco, Filippo: *Tizian*, München 2000 (Originalausgabe: Filippo Pedrocco: *Tiziano*, Mailand 2000).
Pfisterer 2002
Pfisterer, Ulrich (Hg.): *Die Kunstliteratur der italienischen Renaissance. Eine Geschichte in Quellen*, Stuttgart 2002.
Pignatti 1973
Pignatti, Terisio: ›The Relationship between German and Venetian Painting in the Late Quattrocento and Early Cinquecento‹, in: John Rigby Hale (Hg.): *Renaissance Venice*, London 1973, S. 244–273.
Pignatti 1978

Pignatti, Terisio: ›Giorgione e Tiziano‹, in: Rodolfo Pallucchini (Hg.): *Tiziano e il manierismo europeo* (Civiltà veneziana, Saggi, Bd. XXIV), Florenz 1978, S. 29–41.

Polignano 1992
Polignano, Flavia: ›I 'ritratti dei volti' e 'i registri dei fatti'. 'L'Ecce Homo' di Tiziano per Giovanni d'Anna‹, in: *Venezia Cinquecento*, 1992, Bd. IV, S. 7–54.

Polverari 1990
Polverari, Michele: *La Crocefissione di Ancona*, Ancona 1990.

Posselt 2013
Posselt, Christina: *Das Porträt in den Viten Vasaris. Kunsttheorie, Rhetorik und Gattungsgeschichte* (Studien zur Kunst, Bd. XXVIII), Köln/Weimar/Wien 2013.

Puppi 1985
Puppi, Lionello: ›La 'Consegna dell'Anello al Doge'. Anatomia di un dipinto‹, in: *Paris Bordon e il suo tempo*, Atti del convegno internazionale di studi (Treviso, 28.–30. Oktober 1985), Treviso 1985, S. 95–108.

Puppi/Franzolin 2010
Puppi, Lionello/Franzolin, Monia (Hgg.): *La battaglia di Cadore*, Mailand 2010.

Puttfarken 1991
Puttfarken, Thomas: ›The Dispute about Disegno and Colorito in Venice: Paolo Pino, Lodovico Dolce and Titian‹, in: Peter Ganz (Hg.): *Kunst und Kunsttheorie 1400–1900* (Wolfenbütteler Forschungen, Bd. XLVIII), Wiesbaden 1991, S. 75–99.

Puttfarken 1992 (1985)
Puttfarken, Thomas: ›Tizians Pesaro-Madonna: Maßstab und Bildwirkung‹, in: Wolfgang Kemp (Hg.): *Der Betrachter ist im Bild: Kunstwissenschaft und Rezeptionsästhetik*, Berlin 1992 (EA Köln 1985), S. 94–122.

Quondam 1980
Quondam, Amedeo: ›Nel giardino del Marcolini. Un editore veneziano tra Aretino e Doni‹, in: *Giornale storico della letteratura italiana*, 1980, Bd. CLVII, S. 75ff.

Rapp 1994
Rapp, Jürgen: ›Tizians frühestes Werk: der Großholzschnitt 'Das Opfer Abrahams'‹, in: *Pantheon*, 1994, Bd. LII, S. 43–61.

Rearick 1996
Rearick, William R.: ›Titian's Later Mythologies‹, in: *artibus et historiae*, 1996, Bd. XXXIII, S. 23–67.

Reilly 1992
Reilly, Patricia: ›The Taming of the Blue: Writing out Colour in Italian

Renaissance Theory‹, in: Norma Broude/Mary D. Garrard (Hgg.): *The Expanding Discourse: Feminism and Art History*, New York 1992, S. 86–99.
Reiss 1998–1999
Reiss, Sheryl E.: ›Clemens VII.‹, in: *Hochrenaissance im Vatikan: Kunst und Kultur im Rom der Päpste 1503–1534*, Ausst.-Kat. Kunst- und Ausstellungshalle der Bundesrepublik Deutschland Bonn, Bonn 1998–1999, S. 55–69.
Rhein 2008
Rhein, Gudrun: *Der Dialog über die Malerei. Lodovico Dolces Traktat und die Kunsttheorie des 16. Jahrhunderts. Mit einer kommentierten Neuübersetzung* (Studien zur Kunst, Bd. XII), Köln/Weimar/Wien 2008.
Ridolfi, Ed. von Hadeln
Ridolfi, Carlo: *Le maraviglie dell'arte* (1648), hg. von Detlev von Hadeln, Berlin 1914/1924, 2 Bde.
Riebesell 1989
Riebesell, Christina: *Die Sammlung des Kardinal Alessandro Farnese: Ein 'studio' für Künstler und Gelehrte*, Weinheim 1989.
Robertson 1992
Robertson, Claire: *Il Gran Cardinale: The Artistic Patronage of Alessandro Farnese*, New Haven/London 1992.
Rogers 1986
Rogers, Mary: ›Sonnets on Female Portraits from Renaissance North Italy‹, in: *Word and Image*, 1986, Bd. II, S. 291–305.
Romanelli 1999
Romanelli, Domenico: ›The Fondaco dei Tedeschi‹, in: Bernard Aikema/Beverly L. Brown (Hgg.): *Renaissance Venice and the North. Crosscurrents in the Time of Bellini, Dürer, and Titian*, Ausst.-Kat. Palazzo Grassi Venedig, Venedig 1999, S. 77–81.
Romani 2013
Romani, Vittoria: : ›Su Vasari e i pittori veneziani‹, in: Barbara Agosti/Silvia Ginzburg/Alessandro Nova (Hgg.): *Giorgio Vasari el il cantiere delle 'Vite' del 1550* (Kunsthistorisches Institut in Florenz, Max-Planck-Institut, Studi e Ricerche, Bd. IX), Venedig 2013, S. 105–119.
Rosand 1971
Rosand, David: ›Titian in the Frari‹, in: *Art Bulletin*, 1971, Bd. LIII, S. 197–213.
Rosand 1972
Rosand, David: ›Ut Pictor Poeta: Meaning in Titian's *Poesie*‹, in: *New Literary History*, 1972, Bd. III, S. 527–546.
Rosand 1982

Rosand, David: ›Titian and the Critical Tradition‹, in: David Rosand (Hg.): *Titian, His World and His Legacy* (Bampton Lectures in America, Bd. XXI), New York 1982, S. 1–39.

Rosand 1994
Rosand, David: ›Titian's Saint Sebastians‹, in: *artibus et historiae*, 1994, Bd. XXX, S. 23–39.

Rosand 1997 (1982)
Rosand, David: *Painting in Sixteenth-Century Venice: Titian, Veronese, Tintoretto*, Cambridge 1997 (EA New Haven/London 1982).

von Rosen 2001a
von Rosen, Valeska: ›'Diletto dei sensi' und 'diletto dell' intelletto': Bellinis und Tizians 'Bacchanalien' für Alfonso d'Este in ihrem Rezeptionskontext‹, in: *Städel-Jahrbuch*, 2001, Neue Folge, Bd. XVIII, S. 81–112.

von Rosen 2001b
von Rosen, Valeska: *Mimesis und Selbstbezüglichkeit in Werken Tizians: Studien zum venezianischen Malereidiskurs* (Zephir, Bd. I), Emsdetten/Berlin 2001 (Dissertation, Universität Berlin 1998).

Schlink 2008
Schlink, Wilhelm: *Tizian. Leben und Werk*, München 2008.

Schulz 1961
Schulz, Jürgen: ›Vasari in Venice‹, in: *The Burlington Magazine*, 1961, Bd. CIII, S. 500–511.

Schütz 2004
Schütz, Karl: ›Dürer in Venedig: Einige Anmerkungen zum Verhältnis von deutscher und venezianischer Malerei um 1505‹, in: Sylvia Ferino-Pagden/Giovanna Nepi Scirè (Hgg.): *Giorgione: Mythos und Enigma*, Ausst.-Kat. Kunsthistorisches Museum Wien, Wien/Mailand 2004, S. 105–109.

Schweikhart 1993
Schweikhart, Gunter: ›Der Fondaco dei Tedeschi: Bau und Ausstattung im 16. Jahrhundert‹, in: Bernd Roeck/Klaus Bergdolt/Andrew J. Martin (Hgg.): *Venedig und Oberdeutschland in der Renaissance. Beziehungen zwischen Kunst und Wirtschaft* (Schriftenreihe des Deutschen Studienzentrums in Venedig, Bd. IX), Sigmaringen 1993, S. 41–49.

Schweikhart 1997
Schweikhart, Gunter: ›Tizian in Augsburg‹, in: Klaus Bergdolt/Jochen Brüning (Hg.): *Kunst und ihre Auftraggeber im 16. Jahrhundert: Venedig und Augsburg im Vergleich* (Colloquia Augustana, Bd. V), Berlin 1997, S. 21–42.

Shearman 1972
Shearman, John: *Raphael's Cartoons in the Collection of Her Majesty the*

Queen and the Tapestries for the Sistine Chapel, London 1972.

Shearman 1987
Shearman, John: ›Alfonso d'Este's Camerino‹, in: *'Il se rendit en Italie'. Etudes offertes à André Chastel*, Rom 1987, S. 209–230.

Siebenhüner 1978
Siebenhüner, Herbert: ›Tizians 'Dornenkrönung Christi' für Santa Maria delle Grazie in Mailand‹, in: *Arte Veneta*, 1978, Bd. XXXII, S. 123–126.

Simons 1995
Simons, Patricia: ›Portraiture, Portrayal, and Idealization: Ambiguous Individualism in Representations of Renaissance Venice‹, in: Alison Brown (Hg.): *Language and Images of Renaissance Italy*, Oxford 1995, S. 263–311.

Sohm 1991
Sohm, Philip: *Marco Boschini, His Critics, and Their Critiques of Painterly Brushwork in Seventeenth- and Eighteenth-Century Italy*, Cambridge 1991.

Sohm 1995
Sohm, Philip: ›Gendered Style in Italian Art Criticism from Michelangelo to Malvasia‹, in: *Renaissance Quarterly*, 1995, Bd. IV, S. 759–808.

von Sonnenburg 1999
von Sonnenburg, Hubert: ›The Seated Portrait of Charles V‹, in: *Tiziano. Técnicas y restauraciones*, Kongreßakten (Madrid, Museo Nacional del Prado, 3.–5. Juni 1999), Madrid 1999, S. 99–107.

Sponza 1999
Sponza, Sandro: ›Un dipinto di Tiziano riconosciuto: il ritratto di Nicolò Zono a Kingston Lacy‹, in: Giuseppe M. Pilo (Hg.): *Pittura veneziana dal Quattrocento al Settecento: studi di storia dell'arte in onore di Egidio Martini* (Arte documento: Liber extra, Bd. VI), Venedig 1999, S. 57–62.

Tafuri 1984
Tafuri, Manfredo (Hg.): *'Renovatio urbis': Venezia nell'età di Andrea Gritti (1523–1538)*, Rom 1984.

Tischer 1994
Tischer, Sabine: *Tizian und Maria von Ungarn. Der Zyklus der 'pene infernali' auf Schloß Binche (1549)* (Europäische Hochschulschriften: Reihe XXVIII, Kunstgeschichte, Bd. CXCVI), Frankfurt am Main 1994 (Dissertation, Universität Tübingen 1992).

Urch 1991
Urch, Katharina: ›Ein Kaiser im 'Sorgenstuhl seiner Macht'? Zur Rezeption und ikonographischen Tradition des Münchener Kaiserbild-

nisses‹, in: *Pantheon*, 1991, Bd. XLIX, S. 100–120.
Valcanover 1999 (1969)
Valcanover, Francesco: *L'opera completa di Tiziano* (Classici dell'Arte, Bd. XVI), Mailand 1999 (unveränderte Edition der Erstausgabe: Mailand 1969).
Wald 1999
Wald, Robert: ›Titian's Portrait of Johann Friedrich von Sachsen. A Technical Study‹, in: *Tiziano. Técnicas y restauraciones*, Kongreßakten (Madrid, Museo Nacional del Prado, 3.–5. Juni 1999), Madrid 1999, S. 87–97.
Warnke 1986
Warnke, Martin: ›Nah und Fern zum Bilde‹, in: Wilhelm Schlink/Martin Sperlich (Hgg.): *Forma e Subtilitas. Festschrift für Wolfgang Schöne zum 75. Geburtstag*, Berlin 1986, S. 190–197.
Waźbiński 1985
Waźbiński, Zygmunt: ›"...un [Quadro] da camera di venere e cupido". Di Paris Bordon per il duca Francesco di Lorena‹, in: *Paris Bordon e il suo tempo*, Atti del convegno internazionale di studi (Treviso, 28.–30. Oktober 1985), Treviso 1985, S. 109–118.
Wethey 1969–1975
Wethey, Harold E.: *The Paintings of Titian*, 3 Bde., Bd. I: The Religious Paintings, Bd. II: The Portraits, Bd. III: The Mythological and Historical Paintings, London 1969, 1971, 1975.
Wethey 1980
Wethey, Harold E.: ›Tiziano ed i ritratti di Carlo V‹, in: *Tiziano e Venezia*, Convegno internazionale di studi (Venedig 1976), Vicenza 1980, S. 287–291.
Wivel 2014
Wivel, Matthias: ›Titian and Giulio Bonasone: The Gloria that Wasn't‹, in: *Zeitschrift für Kunstgeschichte*, 2014, Bd. LXXVII, S. 313–332.
Wolters 1980
Wolters, Wolfgang: ›Qualche ipotesi sui quadri votivi di Tiziano in Palazzo Ducale‹, in: *Tiziano e Venezia*, Convegno internazionale di studi (Venedig 1976), Vicenza 1980, S. 563–566.
Wolters 1983
Wolters, Wolfgang: *Der Bilderschmuck des Dogenpalastes: Untersuchungen zur Selbstdarstellung der Republik Venedig im 16. Jahrhundert*, Wiesbaden 1983.
Woods-Marsden 1998
Woods-Marsden, Joanna: *Renaissance Self-Portraiture: The Visual Construction of Identity and the Social Status of the Artist*, New Haven/Lon-

don 1998.
Zapperi 1990
Zapperi, Roberto: *Paul III. und seine Enkel: Nepotismus und Staatsporträt* (Reihe Kunststück), Frankfurt am Main 1990.
Zapperi 1991
Zapperi, Roberto: ›Cardinal Farnese, Giovanni della Casa and Titian's Danae in Naples‹, in: *Journal of the Warburg and Courtauld Institutes*, 1991, Bd. LIV, S. 159–171.
Zeitz 2000
Zeitz, Lisa: *"Tizian, teurer Freund..." Tizian und Federico Gonzaga. Kunstpatronage in Mantua im 16. Jahrhundert* (Studien zur internationalen Architektur- und Kunstgeschichte, Bd. X), Petersberg 2000 (Dissertation, Universität München 1999).

Daten zu Leben und Werk

1488–90 Tizian wird in Pieve di Cadore geboren.

1508 In Venedig freskiert Tizian die Südfassade des Fondaco dei Tedeschi.

1511 Innerhalb von nur 27 Tagen malt Tizian im Frühsommer in der Scuola del Santo in Padua drei Fresken, die die Wunder des Heiligen Antonius von Padua darstellen.

1516 Tizian erhält den Auftrag, ein Hauptaltarbild mit der Darstellung der *Himmelfahrt Mariens (Assunta)* für die venezianische Franziskanerkirche Santa Maria Gloriosa dei Frari zu malen. Von Januar bis März hält er sich am Hof Alfonso d'Estes in Ferrara auf. Die nächsten zehn Jahre wird Tizian Werke für den Herzog ausführen, unter anderem für dessen *camerino*.

1518 Die *Assunta* wird auf dem Hauptaltar von Santa Maria Gloriosa dei Frari aufgestellt.

1519 Von Jacopo Pesaro, Bischof von Paphos, erhält er den Auftrag, ein Altarbild für dessen Altar in Santa Maria Gloriosa dei Frari zu malen. Ende November hält er sich gemeinsam mit Dosso Dossi in Mantua auf, wo beide die Kunstsammlung Isabella d'Estes studieren können.

1526 *Die Pesaro-Madonna* wird vollendet und am 8. Dezember zum Fest der Immaculata auf dem Altar Jacopo Pesaros in Santa Maria Gloriosa dei Frari aufgestellt.

1527 Pietro Aretino geht nach Venedig, wo er in engem Kontakt zu Tizian, den er vermutlich schon am Hof Federico Gonzagas in Mantua kennengelernt hatte, und Jacopo Sansovino steht.

1529 Tizian lernt vermutlich in Parma auf Vermittlung Federico Gonzagas Kaiser Karl V. kennen, der einer seiner wichtigsten Auftraggeber werden sollte.

1530 Tizian wohnt am 24. Februar Karls Kaiserkrönung in Bologna bei. Im April vollendet er das heute nicht mehr erhaltene Altarbild mit der Darstellung des *Heiligen Petrus Martyr* für die venezianische Dominikanerkirche Santi Giovanni e Paolo; es sollte sein größter Erfolg werden.

1531 Tizian sendet den *Heiligen Hieronymus* an Isabella d'Este, den sie 1522 bei ihm in Auftrag gegeben hatte. Im September bezieht Tizian Haus und Werkstatt in Biri Grande in der venezianischen Gemeinde San Canciano, wo er bis zu seinem Tod wohnen und arbeiten wird.

1533 Tizian malt von Karl V. nach Seiseneggers Bild ein Porträt in Bologna. Am 10. Mai erhebt der Kaiser Tizian zum Grafen des Lateran und ernennt ihn zum Ritter des goldenen Sporns.

1536 In Venedig arbeitet Tizian an den Porträts von Francesco Maria della Rovere und Eleonora Gonzaga, die zwei Jahre später vollendet werden.

1537 Die Nonnen von Santa Maria degli Angeli weisen Tizians *Verkündigung* als zu kostspielig zurück und geben den Auftrag an Pordenone weiter. Daraufhin sendet Tizian das bereits fertiggestellte Gemälde an die Gemahlin Karls V., Isabella von Portugal. Die ersten Bildnisse römischer Kaiser für Federico Gonzaga werden nach Mantua verschickt.

1538 Tizian vollendet nach jahrzehntelanger Arbeit das Schlachtenbild für die Sala del Maggior Consiglio im Palazzo Ducale. *Die Schlacht von Spoleto* wird beim Brand 1577 zerstört. Guidobaldo della Rovere, Herzog von Urbino, kauft die *Venus von Urbino.*

1539 *Der Tempelgang Mariens* wird in der Scuola Grande di Santa Maria della Carità in Venedig aufgestellt.

1541 Tizian malt *Die Ansprache des Herzogs von Avalos an seine Truppen.*

1542 Tizian erhält den Auftrag, Deckengemälde für die venezianische Kirche Santo Spirito in Isola zu malen. Diese hätten von Vasari ausgeführt werden sollen.

1545 Im Oktober reist Tizian nach Rom, wo er Gast von Papst Paul III. ist und unter anderem die zuvor begonnene *Danae* für Kardinal Alessandro Farnese vollendet sowie verschiedene Porträts für die Farnese malt. Zusammen mit Vasari besichtigt er unter anderem die *villa suburbana* Agostino Chigis.

1546 Erfolglos bietet Tizian seine Dienste Herzog Cosimo de' Medici an und kehrt schließlich nach Venedig zurück.

1548 Auf Einladung von Kaiser Karl V. geht Tizian nach Augsburg, wo gerade der Reichstag abgehalten wird. Er malt hier unter anderem das Reiterbildnis Karls V.

1550 Im November reist Tizian erneut nach Augsburg, wo er einige Monate bleiben sollte.

1551 Tizian wird Mitglied der venezianischen Laienbruderschaft Scuola Grande di San Rocco.

1554 Tizian vollendet für Kaiser Karl V. *Die Heilige Dreifaltigkeit(La Gloria)* und sendet das Gemälde *Venus und Adonis* an dessen Sohn Philipp II., das Teil der *poesie* ist, einer Serie von mythologischen Bildern für den Kaisersohn.

1559 *Das Martyrium des Heiligen Laurentius* für einen Privataltar in der venezianischen Chiesa dei Gesuiti (Santa Maria Assunta) wird fertiggestellt.

1566 Vasari besucht Tizian in seiner Werkstatt, wo er zahlreiche, teils noch unvollendete Gemälde sieht.

1575 Im September sendet Tizian mehrere Bilder an Philipp II. nach Spanien, darunter *Spanien kommt der Religion zu Hilfe.*

1576 Tizian stirbt am 27. August wahrscheinlich an der Pest, die seit dem Sommer des vorigen Jahres in Venedig wütet. Einen Tag später wird er in Santa Maria Gloriosa dei Frari beerdigt.

Die Angaben sind der Vita selbst oder folgenden Publikationen entnommen: Valcanover 1999 (1969); Hope 1980b; Pedrocco 2000; Meilman 2004; Humfrey 2007; Schlink 2008; Hale 2012.

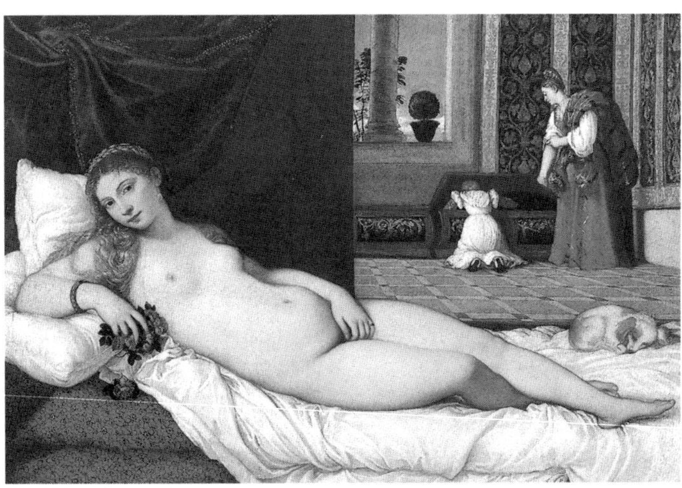

Die Venus von Urbino. Florenz, Uffizien

Bedeutende Werke Tizians in Venedig

(eine Auswahl)

Ca' d'Oro, Galleria Franchetti
- Fragmente der Fassadendekoration des Fondaco dei Tedeschi

Chiesa dei Gesuiti (Santa Maria Assunta)
- *Das Martyrium des Heiligen Laurentius*

Gallerie dell'Accademia
- *Johannes der Täufer*
- *Der Tempelgang Mariens*
- *Pietà*

Palazzo Ducale
- *Der Heilige Christophorus*
- *Der Doge Antonio Grimani vor der Allegorie des Glaubens*

San Giovanni Elemosinario
- *Der Heilige Johannes Elemosynarius*

Santa Maria Gloriosa dei Frari
- *Die Pesaro-Madonna*
- Die *Himmelfahrt Mariens (Assunta)*

Santa Maria della Salute
- *Der Heilige Markus mit den Heiligen Cosmas und Damian, Rochus und Sebastian*
- *Kain und Abel*
- *Die Opferung Isaaks*

San Salvador
- *Die Verkündigung*

Bedeutende Werke Tizians in europäischen Sammlungen
(eine Auswahl)

Antwerpen, Koninklijk Museum voor Schone Kunsten
- *Jacopo Pesaro wird von Papst Alexander VI. dem Heiligen Petrus empfohlen*

Berlin, Staatliche Museen, Preußischer Kulturbesitz, Gemäldegalerie
- *Clarissa Strozzi*
- *Selbstporträt*
- *Venus mit Amor und Orgelspieler (Philipp II.)*

Edinburgh, National Gallery of Scotland
- *Diana und Aktäon*
- *Diana und Kallisto*

Florenz, Palazzo Pitti, Galleria Palatina
- *Die Heilige Magdalena*
- *La Bella*
- *Ippolito de' Medici in ungarischer Tracht*
- *Papst Julius II.* (nach Raffael)
- *Pietro Aretino*

Florenz, Uffizien
- *Flora*
- *Eleonora Gonzaga*
- *Francesco Maria della Rovere*
- *Die Venus von Urbino*

Kroměříž, Staatsmuseum
- *Die Schindung des Marsyas*

London, National Gallery
- *Die Allegorie der Weisheit*
- *Bacchus und Ariadne*
- *Mann mit blauem Ärmel* (früher sog. *Ariosto*)
- *Noli me tangere*
- *Der Tod des Aktäon*

Madrid, Museo Nacional del Prado
- *Die Heilige Dreifaltigkeit (La Gloria)*
- *Die Grablegung Christi*
- *Ecce Homo*
- *Die Andrier (Das Bacchanal)*
- *Das Venusfest*
- *Danae*
- *Venus und Adonis*
- *Venus mit dem Orgelspieler und einem Hündchen*
- *Die Ansprache des Herzogs von Avalos an seine Truppen*
- *Federico II. Gonzaga*
- *Karl V. mit Hund*
- *Kaiser Karl V. bei Mühlberg*
- *Philipp II. in Rüstung*
- *Selbstporträt*

München, Bayerische Staatsgemäldesammlungen, Alte Pinakothek
- *Die Dornenkrönung*
- *Karl V.*

Neapel, Museo e Gallerie Nazionali di Capodimonte
- *Danae*
- *Papst Paul III.*
- *Papst Paul III. mit seinen Nepoten*

Paris, Musée du Louvre
- *Die Dornenkrönung*
- *Die Grablegung Christi*
- *Ländliches Konzert (Concert Champêtre)*
- *Der Mann mit dem Handschuh*
- *Pardo-Venus (Jupiter und Antiope)*

Rom, Galleria Borghese
- *Himmlische und Irdische Liebe*

Rom, Galleria Doria Pamphilj
– *Salome*

Rom, Pinacoteca Vaticana
– *Madonna mit sechs Heiligen*

Wien, Kunsthistorisches Museum
– *Benedetto Varchi*
– *Nymphe und Schäfer*
– *Die Kirschenmadonna*
– *Die Zigeunermadonna*

Bedeutende Werke Tizians in aussereuropäischen Sammlungen

(eine Auswahl)

Boston, Isabella Stewart Gardner Museum
- *Der Raub der Europa*

Los Angeles, J. Paul Getty Museum
- *Alfonso d'Avalos*

New York, Frick Collection
- *Pietro Aretino*

Washington, National Gallery of Art, Samuel H. Kress Collection
- *Andrea Gritti*
- *Pietro Bembo*
- *Ranuccio Farnese*

Kunstgeschichte bei Wagenbach

Horst Bredekamp Michelangelo

Fünf Essays

Michelangelo als Vertragsbrecher, als Scheiternder, als souveräner Künstler, den Mächtigen ebenbürtig, portraitiert von Horst Bredekamp, einem der profiliertesten Kunsthistoriker unserer Zeit.

Kleine Kulturwissenschaftliche Bibliothek.
112 Seiten. Gebunden mit zahlreichen, z.T. farbigen Abbildungen

Horst Bredekamp Der Bildakt

In diesem Buch bündelt Horst Bredekamp seine gesamte Forschung, und zwar nicht nur hinsichtlich der Kunst- und Bildgeschichte, sondern auch in seinem Nachdenken über die großen Fragen zu Natur, Gesellschaft und Politik. Bilder besitzen zwar als vom Menschen geschaffene Artefakte kein autonomes Leben, entwickeln aber immer wieder eine Präsenz, die sie mehr sein läßt als nur toter Stoff. Mit Blick darauf entwirft Bredekamp als Gegenstück zur Lehre vom Sprechakt eine Theorie des Bildakts.

WAT 744. 464 Seiten. Broschiert mit zahlreichen Abbildungen

Heinz Georg Held
Die Leichtigkeit der Pinsel und Federn

Italienische Kunstgespräche der Renaissance

Wer hätte nicht Vergnügen daran, den großen Meistern des Gesprächs über Kunst zuzuhören?Kunst zu betrachten und lebendig zu beschreiben ist selbst eine große Kunst. Heinz Georg Held erzählt, auf welch gewinnende Weise das Gespräch über Bilder, Skulpturen und Bauwerke in der Renaissance gepflegt wurde.

Sachbuch.232 Seiten. Mit vielen Abbildungen. Großformat. Gebunden

Ulrich Pfisterer Kunst-Geburten

Kreativität, Erotik, Körper

Zeugung, Geburt, Liebe, Erotik in der Kunst – wie hat das angefangen? Welche Bilder fanden die Künstler der Frühen Neuzeit dafür? Ulrich Pfisterer kommt in seiner glänzenden Studie verblüffenden Beispielen und Zusammenhängen auf die Spur.

Kleine Kulturwissenschaftliche Bibliothek.
192 Seiten. Gebunden mit Schildchen und Prägung

Italien bei Wagenbach

Luciano Valabrega Puntarelle & Pomodori

Die römisch-jüdische Küche meiner Familie

Luciano Valabrega, römischer Künstler, Dichter und passionierter Koch, hat mit den traditionellen Gerichten seiner jüdischen Familie auch seine Erinnerungen an das Leben im Rom des Faschismus und der Nachkriegsjahre aufgeschrieben. Ein ungewöhnliches, überreiches Kochbuch voller Geschichten.

Aus dem Italienischen von Marianne Schneider
SVLTO. 144 Seiten. Leinen mit Prägung und aufgeklebtem Schildchen

Tiziano Scarpa Venedig ist ein Fisch

Dass Venedig die Form eines Fisches hat, sieht jeder, der auf eine Landkarte schaut. Tiziano Scarpa führt uns durch seine Heimatstadt und lässt uns Venedigs Stadt- und unsere Körperteile neu entdecken.

Aus dem Italienischen von Olaf Matthias Roth
WAT 433. 120 Seiten. Broschiert

Paul Ginsborg Italien retten

Was ist 150 Jahre nach der Gründung aus Italien geworden? Können die Ideen, die damals zur Einigung geführt haben, das heutige Italien retten? Ein flammendes Plädoyer gegen das Lamentieren über den Zustand Italiens.

Aus dem Italienischen von Friederike Hausmann und Rita Seuß
Reihe Politik. WAT 655. 144 Seiten. Broschiert

Wenn Sie mehr über den Verlag und seine Bücher wissen möchten, schreiben Sie uns eine Postkarte oder elektronische Nachricht (mit Anschrift und E-Mail). Wir informieren Sie dann regelmäßig über unser Programm und unsere Veranstaltungen.

Verlag Klaus Wagenbach Emser Straße 40/41 10719 Berlin
www.wagenbach.de vertrieb@wagenbach.de

Die Übersetzung und Kommentierung des dritten Teils der *Vite* Vasaris entstand im Rahmen eines Forschungsprojekts an der Johann Wolfgang Goethe-Universität unter der Leitung von Prof. Dr. Alessandro Nova, das von der Deutschen Forschungsgemeinschaft (DFG) gefördert wird.

Wir danken dem Ministero degli Affari Esteri für die freundliche Unterstützung dieses Buchs.

EDITION GIORGIO VASARI
Deutsche Erstausgabe
2., erweiterte und aktualisierte Auflage 2017

Verlag Klaus Wagenbach Emser Straße 40/41 10719 Berlin
www.wagenbach.de
Umschlaggestaltung unter Verwendung des *Selbstporträts* von Tizian (Berlin, Staatliche Museen, Preußischer Kulturbesitz, Gemäldegalerie, Photo Jörg P. Anders) und Typographie: Julie August. Reihenkonzept (Umschlag): Rainer Groothuis. Gesetzt aus der Bembo von der Offizin Götz Gorissen, Berlin. Reproduktionen: MEDIEN PROFIS, Leipzig. Gedruckt und gebunden bei Pustet, Regensburg. Printed in Germany.

ISBN 978-3- 8031-5027-1